沈曾植论学集

中国近代法政文献资料丛编 南洋公学辑

沈曾植 著

孙德鹏 编

商务印书馆

编者前言

一个半世纪以前，中国社会开始了深刻的变化，无数仁人志士先后掀起了向西方学器物、制度、文化以救亡图存的热潮。在向西方学习的浪潮中，上海交通大学的前身——南洋公学应运而生。鉴于当时中国学界对中外交涉的法政之学知之甚少，南洋公学在初创时期便将为近代中国培养高端法政人才及创立近代法政之学作为办学宗旨，故南洋公学之创建者、领导者、任教者以及受教育于其中者，均在中国近代法政史中扮演了极为重要的角色，取得了举世瞩目的成就，也成为今天正在步入世界一流大学的上海交通大学的历史荣光。

这套《中国近代法政文献资料丛编》即以与南洋公学有学缘关系的著名法政学者的理论著述为基础，兼及同时期与其相关的法政学者论著，期待以此反映这一时期中国法政人筚路蓝缕的学术探索和思想成就。之所以选取近代，尤其是从晚清至1947年，是因为晚近中国是从晚清新政才真正开始了从王朝政治向现代国家的转变。时至今日，当我们站在21世纪的国内与国际的经纬线上回首这段历史，就会发现这个历史的轨迹是如此深刻、厚重和惊心动魄，即便是这套五十卷集的《中国近代法政文献资料丛编》，也不过是一个微小的例证，难以囊括其万一。

优先选择法律与政治资料为编撰内容，尤其是以著名法政人物的言论作为中国近代国家建设的一个主题，主要是基于两个方面的考虑：其一，目前学术界关于中国近代社会制度变迁方面的资料编辑工作，如近代经济、外交、军事、科技、教育、思想等方面的汇编与梳理工作，已经或多或少地有人做过，但聚焦于国家建设尤其是法政方面的资料汇编却是一个薄弱地带。其二，本丛编收录的近代中国法政人物，依据的是一个社会政治史的标准，不仅包括思想界和政治界的精英，而且囊括了法律、经贸、外交、军事等各界专才。他们的言论深刻地影响着近代中国的社会制度与政治的兴建。

经过数年的准备与努力，这套《中国近代法政文献资料丛编》陆续编撰完成，第一辑即将付梓。在此首先要感谢参与此项工作的近五十位青年学子，他们甘于清贫，奉献于这项辛苦的文献整理和编撰事业；其次，要感谢企业界的朋友们，没有他们的慷慨资助，这项工程根本无法展开，他们的默默资助，使我们深刻感受到中国民间的公益之道；再次，还要感谢上海交通大学和凯原法学院，他们的支持也使得这项工程实至名归，南洋公学的法政传统传续有成；最后，还要感谢商务印书馆的支持，一个多世纪前，张元济主持南洋公学，因图书印刷结缘商务印书馆，此次丛编由商务印书馆出版，可谓赓续前缘。

上海交通大学凯原法学院
宪法与国家治理研究中心

凡　例

一、《中国近代法政文献资料丛编》收录近代法政学人所著，成就斐然、泽被学林的法政作品。入选作品以名作为主，或选录名篇合集。

二、入选作品正文之前加专家导读，意在介绍作者学术成就、选文背景、学术价值及版本流变等情况。

三、入选作品率以原刊或作者修订、校阅本为底本，参校他本，正其讹误。前人引书，时有省略更改，倘不失原意，则不以原书文字改动引文；如确需校改，则出脚注说明版本依据，以"编者注"或"校者注"形式说明。

四、作者自有其文字风格，各时代均有其语言习惯，可不按现行用法、写法及表现手法改动原文；原书专名（人名、地名、术语）及译名与今不统一者，亦不作改动。如确系作者笔误、排印舛误、数据计算与外文拼写错误等，则予径改。

五、原书多为直排繁体，均改作横排简体。原书无标点或仅有简单断句者，增加新式标点；专名号从略。

六、原书篇后注原则上移作脚注，双行夹注改为单行夹注。文献著录则从其原貌，稍加统一。

七、原书因年代久远而字迹模糊或纸页残缺者，据所缺字数用"□"表示；字数难以确定者，则用"（下缺）"表示。

目　　录

法政经学

历史与舆地

哲学与宗教

文学

末代大儒沈曾植

孙德鹏

往年听说苏俄曾作一支交响曲，把乐器的声音扩大至全城可听。此时全莫斯科的工厂机器声，火车、轮船的汽笛声，坦克、机关枪、大炮的轰隆声，百万工农兵齐唱声，一时并作，成为苏俄的革命曲。

比起苏俄，沈曾植似乎更钟情于一场无声的"革命"。时代的大弦弹得铮铮响，西风东渐，实业救国，上书变法，沈曾植不厌其烦地为其指路，幽暗的清王朝却没力气走，最后王气渐失，贵气也丢了。

沈曾植走到一个时代的尽头，却以一个儒家士子的身份，频频回望。他甘为一个王朝的舌腹，但面对迷局，却又道不出个所以然来。怅然之间，他一面于佛学、书法中寻求"出口"，一面"迷恋"着新旧世界的众生。最后，又把一切理想、梦境、信念统统忘却，拥张勋北上，溥仪复辟。事败之后，沈曾植才生出一番颇具讽刺意味的失落感，真正地将一个时代的难题放下。成也好，败也好，他归于书斋，退而隐居，以卖字自给。一代大儒，终无清禄可食。

一、世间原未有斯人："老臣"沈曾植

沈曾植，浙江嘉兴人，生于 1850 年（道光三十年），卒于 1922 年（民国十一年），享年 73 岁。字子培，号乙庵，又号寐叟。初别号小长芦社人，晚称巽斋老人、东轩居士，又自号逊斋居士、癯禅、寐翁、姚埭老民、乙龛、馀斋、蘁轩、持卿、李乡农、城西睡庵老人、乙僧、睡翁、东轩支离叟等。清末民初法学家、国学家、书法家、大诗人。

长在士族之家，其祖父沈维鐈是曾国藩的授业恩师，沈曾植不曾享受家世的眷顾，早早陷入了历史的困境。家道中落，夫人李逸静典当首饰衣物，沈曾植才得以求学。

沈曾植深谙地理学（著《诸蕃志校注》《蒙鞑备录注》等），精通法律（著《汉律辑存》《晋书·刑法补志》等），堪称通才。1873年，乡试中第二十二名。1880 年，殿试第三甲中第九十七名，赐同进士出身，识康有为、朱一新等学者。1889 年，任总理各国事务衙门俄国股章京。1901 年，任南洋公学（上海交通大学前身）监督。

一代狂儒辜鸿铭，也视沈曾植为"师"，时时表露出谦逊的姿态。1913 年，俄人卡伊萨林持辜鸿铭书信求见，信中写道：

> 沈氏实中国之完人，孔子所谓君子儒也。年逾六十，而精神毅力不异少年，蕴藉淹雅，得未曾有。殆意大利鄂那德达蒲思评论古代西欧之文明，所谓意识完全者，诚中国文化之典型也。其言动无不协于礼义，待人接物，遇化存神，彼深知中国之情形无论已；即于国外亦洞悉其情伪，所谓象物之表里精粗无不到。

沈曾植一生饱有志气，为学为官，总带着莫名的决心。他广有世界的知识，却以通达旧学为名；他深究儒佛大典，却时时流露出近代的新语。他请焚《新学伪经考》，与张之洞公议新政，晚年又与康有为谋划复辟。时代的新荷新叶，处处可见其身影。王国维称呼他为"晚清第一大儒"，辜鸿铭更是以"中国之完人"为其题名。

彼时民间活泼，清廷迂旧。天下士人大多想着，怎么同一个荒诞的王朝对抗，他却苦苦寻思着，如何跟它和解。

设议局，兴学堂，广课吏，设外部，删则例，整科举，辛劳半生，却空有余勇，大清王朝的日夜，到底是越来越不"像"了。

沈曾植是一流的人物，却活在了过去的时代中。身为清朝遗老，他的样貌注定带着几分古董的色彩，他努力散发的光热，也难逃历史的尺寸。

武昌起义，长江流域各省即刻响应，诸多士大夫与民间起兵契合，波浪里涌出一朵白莲花。开门见山就立宪，马上建都南京，大家请孙中山先生回国当临时大总统。草木不惊，城郭山川亦无恙，沈曾植回望，就已经是民国世界，岁月堂堂了。

民国初现，革命的调子喊得极高，却没人来制礼。《临时约法》清旷平明，但未足以成中华民国的新制度。它是一朵带病的玫瑰，空有华丽，却不懂礼数。其未完工的部分，则有待于礼乐继续化成。到头来，只剩下零零碎碎的士大夫，甘为野草，带病的玫瑰也是玫瑰。沈曾植先生亦是如此。

1916年，袁世凯"窃"国，先生早有洞悉，与康有为等密谋倾覆之，未果。康有为作诗："巨君谋帝制，假尧衣弟佗。与公谋覆之，日夕同画沙。偕公被密捕，头颅巨万赊。……"

1917年，溥仪复辟，授以学部尚书。后复辟事败，沈曾植终日隐居于上海威海卫路 211 号寓所"隐谷",以吟咏书画、校藏图书消遣度日。

越到晚景,沈曾植越是清通,什么该留下,什么带不走。徒劳一生,清朝纵有不甘,他亦晓得有个新朝要起来。

列文森(J. R. Levenson)在《梁启超与中国近代思想》中,对近代思想史上的维新派文人做过分析:这些文人,由于看到"其他国度的价值",意识到对中国现存价值结构进行改革的必要性,但"由于受历史制约",他们"在感情上仍然与本国传统相联系。一个感到这种精神压力的人,会希望减轻这种压力"。①

这种对传统价值的依恋,有时会寄寓在一些具体的事物上面,通过它们来呈现。譬如一张旧得发黄的照片,一本从箱子里突然找到的旧书,一件过去时代的衣服,一首依稀记得的老歌的旋律。其实人们未必一定就是依恋这些早已过时的东西,但没有这些东西,似乎那种对于过去的情感就无处落脚安身。

沈曾植《致汪康年》说:"所谓补偏就弊者,非邓将军捐其故伎之谓也,就固有之物加以节制,如临淮王入汾阳军,一指麾而壁垒旌旗变色,斯乃为善救弊者。"

由此观之,沈曾植并不真正反对改革,也并非抗拒未来的大潮。但是,把"过去"彻底扫地出门,锅碗瓢盆一并摔碎,连一点回忆的器物都不给他留下,这完全的陌生,他忍受不了。

民国初年的武人出身乡村,国会议员则出身城市,那时是乡村也兴旺,城市也兴旺。逊清皇帝已是紫禁城里的寓公,不久之后,连紫

① 列文森:《梁启超与中国近代思想》,刘伟等译,四川人民出版社 1986 年版,第 4 页。

禁城也住不成了。而沈曾植仍是生在"十步之内，必有芳草，十室之邑，乃有忠信"的礼乐风景里。他一面爱着西洋文化的明亮，另一面守住世俗礼意的慷慨。秩序未成，新民国的潮流随时要机变，沈曾植的选择，多出自一份士大夫的德性。规规矩矩，明白事理，待人接物能平直。

孙中山、宋教仁、袁世凯，民国初年政坛的喧腾，有一个时代的风气。与之相比，沈曾植随之转入书斋里的明静。他在佛教思想中，保留了一份士大夫最低程度的潇洒，"世界是空还是色，先生非有且非无"。

1921年，生活无以为继的沈曾植，开始卖字为生。书法，是他生命尽头的点睛之笔，它散发着抛弃王朝立场的文化光彩，回眸却失神，没有一副像样的龙身。

彼时正是民国初年的美景良辰，人世有许多大事要做。"五四"新人迎面而来，他们废弃文言要白话，破除迷信要科学，反对旧礼教而要男女自由恋爱。

五四时代是个分水岭，从此军阀要过时，国会的花要谢，袁世凯训练的新兵，要让给新的知识分子与北伐革命军。而这一切，都在沈曾植的书斋之外。

1922年，73岁的沈曾植病情开始反复。当年六月十一，是他与夫人结婚50周年纪念日，这一天，按照老家风俗，两人重偕花烛。此后沈曾植又开始生病，并且"每日至戌、亥、子时，神情特定"，每到晚间，反而清醒起。医生说他，"心血太少，脑血太多，心房之力太弱，神经之用太强"。

而他自己也明白大限将至，在五年前写给康有为的一首诗后，写下了一段跋语："余病益甚，岁不吾与矣。"

十月初二这天，他起得很早，向人说起昨夜"梦境极佳"，并写下了两副对联。甲联写在五尺白冷金笺上："石室竹卷长三尺，山阴草迹编千文。"乙联书于五尺宣纸上："岑碣熊铭入甄选，金沙绣断肋薪纸。"

不久后，末代大儒带着所有的赞扬与非议与世长辞。

王蘧常在《沈寐叟年谱》中称其晚年："日惟万卷埋身，不逾户阈，及闻国事，又未尝不废书叹息，欷歔不能自已。"

生在嘉兴，长于北京，沈曾植讲的一口京腔，却不会说嘉兴话。每每回乡，多是逃离杀身之祸。在隐居上海期间，每年清明节，沈曾植都会来到嘉兴老宅，并前往王店祖坟祭祖。

如今，沈曾植故居位于繁华市区姚家埭①21号，其三开间的几扇门都敞开着，两侧有楹联"北斗应尚书天保定尔，东阳有遗老岁寒不凋"，小字注明是"为子培兄贺七十大寿"，落款是"愚弟康有为"。

终其一生，沈曾植以小孩的认真，口燥唇干，试图与一个陌生的中国交谈，却始终舍弃不了一个年老的姿态。

在时代的描述里，沈曾植是一个博学者，从戊戌变法开始脱离启蒙的角色，转而成为一个聆听者，晚年，又像是一个不断预言的发问者。可惜，他的笔端仍在发热，帝国的荣光却先他一步消失。

中国历史的大成大毁，自会留下一层书写的丰厚沃土。历史的观者，无一不是近于中国的"旧"，却亲于中国的"新"。好在"新"与"旧"总得有个尽头，以此求得时代的完全。

---

① "埭"（dài）字在北方不常见，在水乡的江南却是个常见字，意为堵水的土坝。

二、未知成败：沈曾植的学术今生

沈曾植在晚清先后任职刑部贵州司员外郎、刑部江苏司郎中等，在刑部工作约18年，研究古今法律甚有心得。在两湖书院也曾任教。后担任过总理各国事务衙门章京、安徽提学使、安徽布政使等官职，曾东渡日本考察制度文物。沈曾植以学人而出任地方官员，卓有政绩，但沈曾植自觉性情疏放，与官场作风不合，于是请求辞官，隐栖上海。

在上海，他与王国维结识，王国维向他请教音韵学。沈曾植后来参与了"辫子大帅"张勋的复辟，被封学部尚书。复辟失败，他闲居上海。他的寓所海日楼中，常有中外学者前来问学。

1916年，法国汉学家伯希和到海日楼中，和沈曾植讨论契丹、蒙古、畏兀儿文和摩尼、婆罗门教源流。日本近代汉学的开创者内藤湖南对他学生说，到中国务必要见沈曾植，因沈氏是"通达中国所有学问的有见识的伟大人物"。

沈曾植于法学之外，博通语学、史学、佛学，治西北舆地。他在京师总理各国事务衙门做章京时，俄罗斯使臣喀西尼将俄人拉特禄夫《蒙古图志》里所载的《唐阙特勤碑》等3篇碑文送到总理衙门，似有故意考校中国人的学问的意思，沈曾植就写了三篇精彩的考证性跋语，俄国人大为佩服，"译以行世，西人书中屡引其说，所谓总理衙门书者也"。

据说沈曾植能背《资治通鉴》。学生胡小石（也是嘉兴人）向他请教学问，举凡小学、经学、史籍、诸子、诗词、书画、金石诸学，沈常能大段背诵古书原文或指点出处，随作解答。事后胡核对原书，丝毫不差。

园田一龟所著的《新中国人物志》，称许沈曾植与劳乃宣（嘉兴桐乡人）以硕学孤忠著闻，为浙江之二名流……

王森然著《沈曾植先生评传》表彰沈曾植：

先生为浙江守旧派最后之大人物，并为旧时代旧人物之鲁殿灵光，博学坚贞，足以自夸。言沈曾植博学多闻，固然；言沈曾植守旧，未必。沈曾植所持者，君主立宪也；与晚清"革命"道不相同罢了。与"辫子大帅"张勋，也实道不相同，——盖"辫子大帅"，一介赳赳武夫，只要君主，不要立宪。

沈曾植的学术成就与地位，王国维为其作的《沈乙庵先生七十寿序》，概括得最为贴切：

先生少年，固已尽通国初及乾嘉诸家之说。中年治辽金元三史，治四裔地理，又为道咸以降之学，然一秉先正成法，无或逾越。其于人心世道之污隆，政事之利病，必穷其原委，似国初诸老。其视经史为独立之学，而益探其奥窔，拓其区宇，不让乾嘉诸先生。至于综览百家，旁及二氏，一以治经史之法治之，则又为自来学者所未及。若夫缅想在昔，达观时变，有先知之哲，有不可解之情，知天而不任天，遗世而不忘世，如古圣哲之所感者，则仅以其一二见于歌诗，发为口说，言之不能以详。世所得而窥见者，其为学之方法而已。

沈曾植主张"中学为体，西学为用"，钻研古今律令、刑法，被法学界推为当世律家第一。《清史稿》中说他"兼综汉、宋，尤深史学掌故"。后专治辽金元三史，南洋贸迁沿革等。一生研究广泛，涉及历史、地理、哲学、文学艺术等诸方面。

沈曾植一生著述很多，但刻印出版少，现大部散失，存目四十八种：地理十五种，计有《佛国记校注》一卷，《蛮书校注》十卷，《诸蕃志校注》二卷，《蒙鞑备录注》二卷，《黑鞑事略注》一卷，《元秘史笺注》十五卷，《皇元圣武亲征录校注》一卷，《长春真人西游记校注》二卷，《西游录注》一卷，《塞北纪程注》一卷，《异域说注》一卷，《近疆西夷传注》一卷，《岛夷志略广证》二卷，《女真考略》一卷，《蒙古源流笺证》八卷。刑法二种，与徐博泉同辑《汉律辑存》一卷，《晋书刑法补志》一卷，二稿已佚。佛书一种，《法藏一勺》四卷。诗文著述，计有《海日楼文集》二卷，《乙庵诗存》，《海日楼诗集》，《海日楼诗补编》，《寐叟乙卯稿》一卷，《曼陀罗寱词》一卷，其他还有书牍、札记、题跋、序等杂著文章。①

晚清政府是破落了。败战使它失了威严，赔款又使它陷于贫穷。好在西学东渐，学问上起了新景气。传统的经史子集四部之学，在西学的背景中，演变成文史哲三分天下。在新旧转型之中，兴起两种很能反映渐变的学问，一个是以边地民族历史和地理为特色的史学，一个是以早期佛教历史考据和唯识法相思想研究为中心的佛学。

沈曾植在四裔舆地上，发力最早且收获较多。钱仲联在《海日楼文集》前言②中提到："光绪元、二年间，始为蒙古地理学，稍稍认识东三省、内外蒙古、新疆、西藏山水脉络，其后学益广博，至光绪六年庚辰会议对策第五策对，言西北徼外诸国，钩贯诸史，参证舆图，

---

① 参见王蘧常：《清末沈寐叟先生曾植年谱》，台湾商务印书馆1977年版。
② 钱仲联：《论沈曾植的学术成就——〈海日楼文集〉等三书前言》，《苏州大学学报》（哲学社会科学版）1996年第1期。

辨音定方，创获甚多。"

《海日楼文集》中此类作品，有《元圣武亲征录校本序》《穆天子传书后》《读元秘史后记》《蒙古源流事证跋》等。

梁启超在《中国近三百年学术史》[1]中说道："地理学之趋向一变，其重心盖由古趋今，由内趋外。域外地理学之兴，自晚明西土东来，始知九州之外复有九州。"

梁启超一一列举了祁韵士、徐松、龚自珍、魏源乃至于同时代的丁谦，来阐明这一历史意识开放的现象。然而却止步于此，并没有说到这种历史与地理的研究与科学"实测"接轨的意义，沈曾植在梁的笔下更是只字未提。

沈曾植研究佛学，大概始于四十岁左右。王蘧常《沈寐叟先生年谱》说"公梵学最深，始业当在四十前后"，并举他1898年（光绪二十四年）在鄂州所作的《跋〈坛经〉》为证。当然，时间的早晚并不重要，应当注意的是他对佛学研究的兴趣与方法都很现代。

从沈曾植的《海日楼札丛》中可以看出，他所学不专于一宗，于华严、天台、三论、般若、法相、禅、密诸家均有研究。更难得的是，沈曾植很关心早期佛教史，这是中国佛学研究从传统向现代转型过程中逐渐成为热点的领域。

沈曾植与过去把佛经所说一股脑儿全盘照收下来的传统佛教研究者不同，关于《吠陀》与佛陀思想关系的研究已经参照了欧洲印度学的成果，讨论佛陀时代的朋党则依据《根本萨婆多部律摄》指出"大众、上座之分"的起源。考辨十八部分离始末，沈曾植则比较了《舍利弗问经》与《宗轮论》的不同，论证上座、大众两部的分裂则从经论中梳理

[1]　梁启超：《中国近三百年学术史》（新校本），商务印书馆2011年版。

出三种不同说法。此外，对于大众部所依经典、大众部的大乘思想、马鸣与婆须密迦延子的关系，他也有全然不同于传统佛教的论述。

胡适当年给早期禅门的命名"楞伽宗"沈曾植早已提到，后代所谓北宗禅史料《法如碑》的"发现"，沈曾植也早已发现。不仅如此，保唐宣什在禅宗史上的存在、曹洞宗与唯识学的思想关系，亦是沈曾植最先发现的。

至于今人研究中颇有创获的中唐韩愈、李贺诗与密宗壁画之关系，晚唐诗论以"势"字论诗语盖出自佛教等等，沈曾植也在《海日楼札丛》的卷七、卷五中点出，仅仅读他的这些札记，就让人不得不佩服他的识见。

此外，沈曾植早精帖学，得笔于包世臣，壮年嗜张裕钊。其后由帖入碑，融南北书流于一炉。六十岁之前，沈曾植殷写佛经，书法一道，无关书法。六十岁之后，真积力久，一朝顿悟，乘魏晋风气，立学立业。

加之嘉庆、道光以后，大量古碑版器物出土，金石学更为兴盛。与此相呼应的是书学界出现"北碑南帖说"，提倡学碑。风气使然，沈曾植也主攻北碑。他将金文、小篆、隶、章草、魏碑、楷书的笔意笔魂，相对自然地化入行草。沈曾植纯用米芾笔法，意态纵横，又自创新面，被尊为"俊笔同光第一流"。

康有为自诩博览群碑，著成《广艺舟双楫》，沈曾植笑称："再读十年书来与吾谈书法可耳。"康愧而退。

沈曾植尽管满腹经纶，却因为他一肚皮的"不合时宜"，被学术史渐渐遗忘，除了王国维、陈寅恪等与他多少有些相仿的人曾时不时提起他之外。这遗忘，半是无意，半是有意。

任安徽督军的"辫帅"张勋北上，曾在安徽布政使任上辞职的沈曾植抱病北行，拥戴溥仪复辟，被授学部尚书，也是他一生中最高和最后的职位。张勋复辟是一场闹剧。因参与闹剧的表演，沈曾植人生履历上就有了根"小辫子"。

据说听闻辛亥革命爆发的消息时，沈曾植并不是很震惊，也许他根本没有意识到一个时代从此结束。在帝制的迂回曲折中，却可以辨识出沈曾植独特的思想脉络，葛兆光曾对沈曾植和与他相似的知识分子有过一番论叙：

> 他们在思想史上属于"保守"，而"保守"在以进化为线索，以进步为主流的思想史上是被贬斥到思想史之外的。思想史有时就像一本功劳簿，没有功劳的人没有资格在上面，他们只能发配于"另册"。①

笔者认为，沈曾植的思想与其说是"保守"，不如用"离题"来形容。在卡尔维诺的文学史中，"离题"是一张用来延缓结局的策略，一种使作品中的时间繁复化的方式，一种躲避或逃离死亡的方法，这种叙事方法因劳伦斯·斯特恩规定《项狄传》而受到关注与效仿。正如博尔赫斯所写："时间永远分叉，通向无数的未来。"②

交错迂回的离题甚至有让历史与时间迷路的可能，这样作者或许可以躲在不断变化的隐藏处，那里充满着众生、人群和故事。不得不说，沈曾植对晚清政府有过幻想。如果此外更没有东西，亦只得承认它。但兵荒马乱中，早已生出一个新时代的辉明。沈曾植的选择看

① 葛兆光：《世间原未有斯人——沈曾植与学术史的遗忘》，《读书》1995年第9期。
② 豪尔赫·路易斯·博尔赫斯：《小径分叉的花园》，王永年译，上海译文出版社2015年版。

似没有逻辑，如孔子作《春秋》，笔则笔，削则削。沈曾植的学问为人，都不单只求个近似值。

清末民初，是一个圆形的迷宫。起点在圆心处，终点却在圆周外围。像中国这样的文明国度，不论人们的话语是守旧还是维新，归根到底，思想是以几个非常简单的概念为基础的，即那些我们称之为"共识"的东西。沈曾植的"不合时宜"，就在于死守了"共识"，死守了迷宫的圆心。他道出了一个时代的真相，却是旧人听不懂，新人不爱听，最终只能是成于时代波澜壮阔前的平静。

说到底，文学是"青山依旧在，几度夕阳红"，而历史，是看到了夕阳的山外山，走遍了西湖的楼外楼。各个时代的英雄美人纵然不能同起迄，但只要万里山河在，待有朝一日飞沙走石散尽，自会有人为沈老题名。

三、沈曾植著作出版流变及本书概况

虽然沈曾植生前曾在学术界博得了盛名，可后来随着他众多手稿的散失，和他在思想史上的缺位，记得起他的人并不多。只是王国维、陈寅恪等人提到他时会流露出对长辈的尊崇，内藤湖南、伯希和等外国人提起他来会表现出对中国学术的一份敬意。直到二十世纪末，我们所熟知的沈曾植文献资料，依然只是西本白川给他写的传记[①]和弟子王蘧常为他撰写的年谱[②]。

尽管沈曾植的著作相继在国内编辑出版，但数量甚少，大多都已遗失。据钱仲联先生回忆：

---

① 西本白川：《大儒沈子培》，春生社 1923 年版。
② 王蘧常：《清末沈寐叟先生曾植年谱》，台湾商务印书馆 1977 年版。

　　寐叟一生，政事学术，出入埶忙，懒于著作，其名著《蒙古源流笺证》，自雕木版刊行；《元秘史注》，由中华书局排印出版，其他书名繁多，或数页而止，短书杂札，往往书于帐册之背或杂纸之上，虽标明为书，实不过未经整理排比之读书笔记、简端评识而已。余客寐叟嗣子慈护处，按《日知录》《十驾斋养新录》之例编次之，颜曰《海日楼札丛》者是也，虽此属畸零汇辑之书，未足见寐叟学术之广博弘大，然未尝不可窥豹一斑也。①

目前国内沈曾植著作的出版情况大抵如下：

（一）著述

1.《元亲征录》，沈曾植、李文田、何秋涛校注，两淮盐政采进本；

2.《元朝秘史》，沈曾植注，北平古学院 1945 年版；该书后被收入上海书店"民国丛书"系列，于 1989 年影印再版；

3.《海日楼札丛》（外一种），中华书局 1962 年版，由钱仲联先生辑录，本书分为《海日楼札丛》《海日楼题跋》两部分；后分别由辽宁教育出版社、上海古籍出版社于 1998 年、2009 年再版；

4.《沈曾植集校注》，中华书局 2001 年版，分上下两册，由钱仲联先生整理校注；

5.《蒙古源流笺证》，沈曾植撰，中国书店 2008 年版，一函三册；

6.《沈曾植寐叟题跋》，浙江人民美术出版社 2016 年版，分上下两册。

---

① 钱仲联：《序言》，嘉兴博物馆、沈曾植故居文保所编：《沈曾植遗墨选》，上海画报出版社 2001 年版。

（二）书札与公牍

1.《沈曾植墨迹》，福建美术出版社 1991 年版；

2.《沈曾植遗墨选》，嘉兴博物馆、沈曾植故居文保所编，上海画报出版社 2001 年版；

3.《海派代表书法家系列作品集：沈曾植》，上海市书法家协会编，上海书画出版社 2006 年版；

4.《函绵尺素（精）——嘉兴博物馆文物·沈曾植往来信札》，嘉兴博物馆编，中华书局 2012 年版，该书收录了大量沈曾植先生的信札，是研究沈曾植先生书法与生平的重要资料。

沈曾植自认为书学优于书功，遗憾的是他未能像康有为那样写出较为系统的著述，留下来的有关书法题跋大多属于考证碑帖源流的札记，分别见于《菌阁琐谈》《研图注篆之居随笔》《全拙庵温故录》《寐叟题跋》《护德瓶斋涉笔》中。

目前有关沈曾植的研究专著中，许全胜撰写的《沈曾植年谱长编》无疑最为翔实。《沈曾植年谱长编》编辑时间长达三年，还不计之前的准备时间。上海华东师范大学教授刘永翔在其序言中说许全胜"访于寰宇，咨于瀛海，目昏渠阁之贮，手缉故纸之尘，近人笔札所及、报章杂志所载，凡有关嘉兴先生一字一句者，罔不搜罗。甚而闻拍卖会有乙庵手迹，亦必百计求一寓目焉。"直到年谱出版前的三校时，许全胜还在往里补入资料。

但是，严谨的许全胜还是遗憾。身为学术界上的边缘人物，沈曾植先生的研究材料过少。其作为一个官员，奏折一定很多，可稿本、著作却遗失了，这方面的材料比较少，只能在台北故宫博物院找到一些。

关于沈曾植先生的著述，目前国内没有法政方面的专集。

本次沈曾植文献汇编，本欲着重摘其有关法政文章录入，以探究其在这一方面的思想观点。其关于法政的主要著作有《汉律辑丛》《晋书刑法志补》等，但由于历史原因，上述著作均已佚失，现存于世的沈曾植关于法政的文章数量较少，篇幅较短，主要收录在 1962年中华书局出版的由钱仲联先生编辑整理的《海日楼札业》（外一种）中。

故此次汇编主要以《海日楼札丛》《海日楼书目题跋五种》《沈曾植海日楼佚序》等集的部分内容为主，从中摘取了沈曾植关于法政方面的全部文章，以及沈曾植所撰写的儒学、地理、佛学、道家学说及诗词方面的文章，按照法政经学、历史与舆地、哲学与宗教、文学分为四大部分。每个部分的文字，皆一一校对，尽可能展现沈曾植文章的原貌。

沈曾植所处时代距今已百年，编辑整理时，碰到有些字句，真是避而为难，不避为忧。好在古人云"主善为师"，沈曾植的文章已有王蘧常、钱仲联、许全胜等人编辑之作，此书的编辑批示，多有借取之处。我想，数辈的努力，目的只有一个：为我国读者提供一个较为可读的沈曾植先生的本子。

历史的脉络犹在，白纸上写着黑字，但是读者的迫切要求不可能把它们激活突现出来。编辑整理，无疑是以对作者的肯定为开始，以几笔"取悦"作者（读者）的适当语言告终。应该承认，或者隐而不说，沈曾植晦涩的古文字，如同时代的震颤波动，自有其魅力意义。此次编辑，看似大刀阔斧，实则在剃刀边缘行走，还需处处保持一位"现代人"的风度。但得有心读者读到此书，认为编辑工作不至于让沈老作品黯然失色，已成功大半，算是一点爝火，浩浩春光则有待来人。

2019 年 2 月 13 日

法政经学

黄帝李法

《管子·五行》篇："黄帝得六相而天地治，神明至。蚩尤为当时，大常为廪者，奢龙为土师，祝融为司徒，大封为司马，后土为李。春者土师也，夏者司徒也，秋者司马也，冬者理也。"《汉书·胡建传》称黄帝李法，其后土之法欤？

录自《辛丑札记》

蚩尤九黎

炎帝之世，亡于蚩尤；少昊之世，亡于九黎。《三朝记·用兵》篇："公曰：蚩尤作兵与？子曰：否。蚩尤，庶人之贪者也。反礼无义，不顾其亲，以丧厥身。蚩尤昏欲而无厌者也，何器之能作。蜂虿挟螫而生，见害而校，以自卫厥身者也。"孔晁注"庶人之贪者"云："或云，蚩尤古之诸侯，妄也。"此驳康成蚩尤伯天下之说，亦不从孔传蚩尤黎君之说也。《国语》："少皞之衰，九黎乱德。"韦昭曰："九黎，黎氏九人同位，故曰杂糅。"《吕刑》："苗民勿用灵。"郑氏曰："苗民，九黎之君。变九黎言苗民者，有苗九黎之后。颛顼代少昊，诛九黎，分流其子孙，居于西裔者为三苗。"绎郑意，似九黎有君，三苗无君惟民者。其义迂曲不了。以韦氏九人同位杂糅言之，则九黎之民固无有君臣上下者。《尚书》谓之苗民，即孔子谓蚩尤为庶人之义也。以泰西史例言之，此两人殆可称为共和民治者。苗民作五虐之刑曰法，殆亦自命法治国者耶？

录自《月爱老人客话》

夏道尊命

　　夏道尊命，及其亡也，其民曰："时日曷丧，余及女偕亡。"喻桀于日之不可亡也。《正义》庄生所谓"臣之于君，命也，无所逃于天地之间者"耶？然而"有众率怠弗协"，则任命之过，至于怨天，天理灭，人道绝矣。其反也，为墨子之非命。殷人尊神，及其亡也，殷民乃攘窃神祇之牺牷牲，用以容。将食无灾，荡而不静，叛其祖宗之彝训，视夏民殆又甚焉。故桀放于南巢，从之者尚有数千人；而坶野之师，至于前徒倒戈也。夏命殷神，皆国粹也。国粹亡而其民降为蛮夷。故夏遗为越，而殷遗为韩。周民贼而蔽，犹有《易》教之失焉。文而不惭，犹有《礼》教之习焉。享祚八百，而文王、周公、孔子之教，常存于万世。《彼都人士》之篇："行归于周，万民所望。"《召旻》之卒章："呜呼哀哉，惟今之人，不尚有旧。"政散民流，而无改乎畏神服教之志，礼之遗泽远哉。

录自《月爱老人客话》

《周礼》官以师名者

　　《周礼》，官以师名者：医师《疏》："凡以师言者，皆言可师法也。"天官甸师、医师、追师、地官乡师、族师、舞师、载师、闾师、县师、师氏、胥师、贾师、鄙师、旅师、春官肆师、乐师、大师、小师、磬师、钟师、笙师、镈师、靺师、籥师、卜师、夏官弁师、牧师、圉师、山师、川师，邍师、秋官无、考工无。

录自《护德瓶斋涉笔》

《周礼》作成未行

临孝存谓《周官》末世之书，作十难七论以排之。何休以为战国阴谋。孙处说曰："《周礼》之作，周公居摄之后，书成归丰，而实未尝行。惟其未行，故建都之制不与《召诰》《洛诰》合，封国之制不与《武成》《孟子》合，设官之制不与《周官》合，九畿之制不与《禹贡》合，凡此皆预为之而未尝行也。"愚按：孙氏之说义证不坚，前贤驳者已多。即以春秋时官制不合而论，唐有六典，宋有元丰官制，明有诸司职掌，皆实行于当时，而其后代不能无因时之变。岂能以不合之事迹病其书哉！后代有他制度故事传书以相参，又有史志具为沿革。顾三代上史无沿革，而《汉志》儒家之《周政》六篇、《周法》九篇，又不复传，即小说家《周考》七十六篇，《虞初周说》九百四十三篇，亦无一字见称引者。汉世中秘古籍，儒者多不得见，为可惜也。

录自《东轩温故录》

《周礼》在秘府前世无见者

　　《王莽传》：刘歆奏曰"摄皇帝遂开秘府，会群儒，制礼作乐，卒定庶官，茂成天功。圣心周悉，卓尔独见，发得《周礼》，以明因监"云云。据此，则《周礼》在秘府，前世盖无见者。云发得之，几于得逸书于孔壁矣。

录自《潜究室札记》

始言《周礼》者

　　始言《周礼》者马融。《马融传·序周礼废兴》引。《汉书》亦融所续也。《汉志》有《周官传》四篇，无撰人。儒家有《周政》六篇（注：周时法度政教），《周法》九篇（法天地，立百官），《河间周制》十八篇（注：似河间献王所述也）。又《周官》凌人注引叔孙通《汉礼器制度》。贾公彦曰："叔孙通作，多得古之周制。"（不载《七略》，故《志》不言。）据此，则《汉仪》常伯之训，疑本叔孙通也。

录自《护德瓶斋涉笔》

礼有三起

《正义》引皇氏《疏》："礼有三起，礼理起于太一，礼事起于遂皇，礼名起于黄帝。"

录自《东轩温故录》

《法经》六篇

　　李悝《法经》六篇，盖盗律一，贼律一，网捕二，杂律一，具律一也。据《魏律序》知之。序载《通考》。魏改具律为刑名，始移冠律首。《唐律疏》："李悝《法经》六篇，一盗法，二贼法，三囚法，四捕法，五杂法，六具法。"

录自《潜究室札记》

八条之刑

汉高约三章之法，箕子垂八条之刑。见《前汉·地理志》。

录自《护德瓶斋涉笔》

罜

　　《说文》卒部："罜，司命也，令吏将目捕罪人也。"此释令中罜字，段改令为今，非也。其训目字，谓以汉制解之，吏人携带眼线捕罪人，如虞诩令能缝者佣作贼衣，以采丝缝贼衣，有出市里者，吏辄擒之是也。甚确。

　　　　　　　　　　　　　　　　　　　　录自《杂札》

元稹论刑之难

元稹《行冯宿刑部郎中制》曰:"亟则失情,缓则留狱,深则碍恕,纵则失奸。惟是四者,是刑之难也。"

录自《札记》

六朝论治近古

　　张率为秘书丞,引见玉衡殿。梁武帝谓曰:"卿东南物望。朕夙昔所闻。卿谓宰相是何人,不从天降,不从地出。卿名家奇才,若复以礼律为意,便是其人。"率是逸才,不中程度,若以后世格之,直当令习文法。武帝以礼律并言,六朝论治,故为近古。

录自《护德瓶斋涉笔》

宋代律敕

宋神宗置狱修敕，诏中外言法不便者。元丰二年，左谏议安焘等上诸司敕式，上以律不足以周事情，凡律所不载者，一断以敕，乃更其目曰敕令格式，而律恒存于敕之外。谕之曰："禁于未然之谓敕，禁于已然之谓令，设于此以待彼之谓格，使彼效之之谓式。修书者要当识此。"于是凡人笞杖徒流死自名例以下至断狱十有二门，刑名轻重者皆为敕。自品官以下至断狱三十五门，约束禁止者皆为令。命官之等十有七，吏庶人之赏等七十有七，又有倍全分厘之级，凡五等，有等级高下者，皆为格。表奏帐籍关牒符檄之类，有体制模楷者，皆为式。八年书成，上之。按"禁于未然"四语，宋代人士相习称用，若法家之通例者。其实此乃编敕之例，非律令通例也。宋自名例至断狱十二门，附律之敕也，自品官至断狱三十五门，附令之敕也。常存于敕外者，敕虽以律令编次，而不相并合，律自为一书，敕自为一书。

录自《潜究室札记》

杨振论律

　　元遗山《杨振奂之父之墓志》："泰和中见公府文移因循苟简，私谓所亲曰，我往在丹州，见宋末案牍不求事实，止以虚文相欺。比来官政，殆似之矣。及泰和律下，阅之逾日，不乐者久之，曰，乱矣！或问之，曰，我见大定制不如皇统，皇统不如旧制。圣人立法，本从简易，人情不同，罪状亦异。我于法令，未尝见一事可与相当者，但比附为义，使司法者得以恕心从事耳。今乃事事先为之防，是犹千堤万堰以障江河，必无是理。知不可行，将日见抽易，纷纷不已，不将乱耶！"

录自《潜究室札记》

元世祖不用回回法

至元二十七年，江淮行省清仓库官欺盗钱粮，依故宋法，黥而断其腕。帝曰，此回回法，不许。元祖知回回刑法不可施于中国，而宋人用之，可怪也。

录自《杂札》

律加减

姚文恪公曰：律如十二律，因加减而成者也。或加一等、二等、三等，或减一等、二等、三等。明于加减之故者，可以读律，可以作律矣。律中加减之最精者，莫过斗殴、诬告二条。欲明加减之故，自熟读此二条始。

录自《护德瓶斋涉笔》

律　　母

"以准皆各，其及即若"八字，相传谓之律母。

录自《护德瓶斋涉笔》

刑名十六字

　　"加减计通，坐听依从，并余递重，但亦称同。"谓之刑名十六字。潘杓灿《刑名十六字说》。

录自《护德瓶斋涉笔》

专　　制

"天动而施曰仁，地静而理曰义。仁成而上，义成而下。上者专制，下者顺从。"《易纬》之言专制，非不美之辞也。不解近儒不为新学者，何亦畏此二字。《抱朴子》："支干上生下曰宝日，下生上曰义日，上克下曰制日，下克上曰伐日，上下同曰专日。"《淮南子》称"以专从事，成而有功；以义行理，名立而不毁；以保畜养，万物蕃昌；制日伐日无以焉"。五行家义，可与《易纬》相发。

录自《东轩温故录》

四门四正

　　《易·乾坤凿度》云："庖羲画四象，立四隅，以定群物发生门，而后立四正。乾为天门，万灵朝会；坤为人门，万灵资育；巽为风门，亦为地户，通天地之气，为性体；艮为鬼冥门，按：当作为鬼门，亦为冥门。万灵所止。"按：此义可与京氏八纯之义相参。《乾坤凿度》以四隅为群物发生门，以坎离为日月，震为日月出入门，兑为日月往来门。又天数曰太极之数，地数曰地极之数。然则以法象言之，太极者黄道极，地极者赤道极欤？又曰："太极有，地极成，人极灵。"则以德言之。

录自《东轩温故录》

纳甲主月

《易》有太极，其神太一，运斗枢而成岁。王者法之，以建皇极，乾元用九。《洪范》所谓"王省惟岁"也。纳甲之法主用月，则卿士之所省；京氏六日七分主用日，则大夫之所省；郑氏爻辰，则所谓"庶民惟星"也。惟历数之差，积蔀纪穷，古今《易》家，轨折至详，而《洪范》阙焉。其亦大衍不用之一乎？《河》《洛》苞苻，《范》《易》同原，离而二之，非也。

录自《东轩温故录》

六宗古义

异义，今《尚书》欧阳、夏侯说："六宗者，上不及天，下不及地，旁不及四时，《礼正义》作四方。居中央，恍惚无有。神助阴阳变化，有益于人。"谨按：宗寔一而六名，实不相应。《尚书正义》前引欧阳、大小夏侯说同上。次以孔光、刘歆说，六宗谓乾坤六子，水火风雷山泽也。《光传》："父霸；霸传夏侯学。"六子之说，疑出夏侯。《续汉志》注，载司马绍统驳议："六合之间，非制典所及；六宗之数，非一位之名；阴阳之说，又非义也。"则司马以今《尚书》说为阴阳家说。惠氏《明堂大道录》说"神也者，妙万物而为言者也"曰："神，六宗之神。妙，读为眇，成也。助阴阳变化成万物，故妙万物而为言。变化，谓乾变坤化也。"按：助阴阳变化，欧阳、夏侯说；六子，孔、刘说。惠氏合而言之，则与余前说合。又惠氏以《明堂位》《月令》为明堂阴阳。

录自《东轩温故录》

截截善谝言

《书·秦誓》:"惟截截善谝言,俾君子易辞。我皇多有之,昧昧我思之。"《传》以截截为察察,谝言为辨佞之言。截截与察察,音训无征。马氏说为截削省要,较为明了。马本谝作偏,释曰:少也。《古文尚书撰异》云:"《汉书·李寻传》'昔秦穆公说话话之言',盖古文作截截,今文作话话。《说文》无话话。话话,盖戈戈也。《周易》:'束帛戋戋。'子夏《传》,戋戋作残残。而《说文》戋从二戈。残贼同意,截削亦有侵损义。"愚观近世所谓报章,以少数人偏见,截削省要,以动群听,佐以谗贱之辞,士君子相率阅之,误以为多人之意,为之回心易辞者多矣。自秦穆英主所不免,然后既悔之,且能正其名而道其情状,贤于唐明皇之于林甫,德宗之于卢杞,岂不远哉!

录自《东轩温故录》

岁朝月朝

《尚书大传》："凡六沴之作，岁之朝，月之朝，日之朝，则后王受之；岁之中，月之中，日之中，则公卿受之；岁之夕，月之夕，日之夕，则庶民受之。"郑注："自正月尽四月，为岁之朝；自五月尽八月，为岁之中；自九月尽十二月，为岁之夕。上旬为月之朝，中旬为月之中，下旬为月之夕；平旦至食时为日之朝，禺中至日昳为日之中，下侧至黄昏为日之夕。"《左传》："卜楚邱曰：日之数十，故有十时。"杜注："曰夜半，曰鸡鸣，曰平旦，曰日出，曰食时，曰隅中，曰日中，曰日昳，曰晡时，曰日入，曰黄昏，曰人定。"郑称"下侧"，即杜"晡时"。传又曰："星辰莫同。"注云："初昏为朝，夜半为中，将晨为夕。或曰：将晨为朝，初昏为夕。"按：《淮南·天文训》分一昼夜为十五时，郑说与同。以十五除三百六十，则每时得二十四。

录自《东轩温故录》

邶国为结蝓之宿

《诗·推度灾》："邶国为结蝓之宿，营室之精也。"按：所谓结蝓，盖即今虚宿座之离瑜三星也。离瑜黄赤道并在子宫，《推度灾》谓在亥宫者，古今岁差之异。《淮南》以女、虚、危、室为北方玄天，室为卫分，故邶为结蝓之宿。孙□言陆佃以蚬蝓入三十六禽。按：陆说出《五行大义》引《禽变》云："玄旦为生木，昼为豕，暮为蛦蝓。"蛦蝓即蚬蝓，陆释为蜗牛。而萧云貐。应是貑，恐字误。依萧说，蛦蝓盖本作蛦貐，萧改为貑，则《尔雅》"貑似狸"也。

录自《东轩温故录》

诗移篇第

郑《诗谱·小雅大雅谱》："问曰：小雅之臣，何以独无刺厉王？曰：有焉。《十月之交》《雨无正》《小旻》《小宛》之诗是也。汉兴之初，师移其第耳，乱甚焉。既移，又改其目，义顺上下，刺幽王，亦过矣。"此郑谓《小雅》为先师移乱篇第，在毛公前，而毛公顺其误也。《豳诗谱》云："《伐柯》《九罭》，与《鸱鸮》同年。《东山》之作，在《豳风》之后，当于《鸱鸮》之下，次《伐柯》《九罭》《破斧》《东山》，终以《狼跋》，今皆颠倒不次。"此郑指毛本次第误也。《十月之交笺》："当为刺厉王。作诂训传时，移其篇第，因改之耳。"皆所谓如有不同，即下己意者也。郑志："《清人》，刺文公诗也。文公，厉公之子，《清人》当处卷末。烂脱失次，厕于庄公时。"又答赵商曰："《诗》本无文字，后人不能其次第，录者直录其义而已。"

录自《东轩温故录》

午亥之际

《齐诗》五际，以午亥为一际。诗家代相称引，无有释其义者。尝依五行家例作图观之，则式正与十二辰六害之式相反。六害为君臣父子悖德之极端则反之，而午亥之际为革命，乃革其悖德之害耳，固与卯酉革正之旨不异。又京房《易传》，八卦坤起亥，震起午。以坤震起午亥论，则午亥之际乃复卦也。午亥复，巳子讼，辰丑鼎，寅卯损。以此义释《齐诗》，庶五际之学可立。

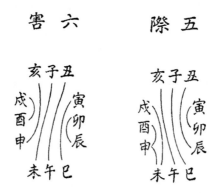

上二图皆以午为主。从午作一线抵丑，以次布之，为六害。从午作线抵亥，依次布之，为五际。六害之午丑，以《易传》离起丑言，

下震上离，则火雷噬嗑是也，五行生克冲破皆有常，独至六害，则《五行大义》所言"父失其慈，子违其孝，妻不敬顺，夫弃和同，外合破冲，以相贼害。至如命待熊蹯，饥探雀鷇，重耳外奔，申生赐尽，河内则夫妇相残，塞外则君臣杀夺，不爱其亲而爱他人，谓之悖德。"以上皆萧氏语。逆节绝理，情穷势极，先王于是亦惟有明罚敕法而已。善救之法已穷，反复其道，欲不革命得乎！汤武革命，乃革夏、殷乱民之命，非革夏、殷暴主之命也。京氏《易传》，八卦乾起巳，坤起亥，震起午，巽起辰，坎起子，离起丑，艮起寅，兑起卯，虚未申酉戌四位不用。此方位亦与诸家独异。

录自《东轩温故录》

调　人

按调人所和，专主过而杀伤与义杀者，皆法所不应抵。而既已杀伤于人，则孝子悌弟之心固有不能释然者，令之相辟，所以解仇雠，省报复也。若斗故谋杀，固当偿死。虽其子弟不相仇，王法独能舍之乎！江氏说辟仇亦主过杀伤言，而谓义杀节衍"不同国"三字，则非。古人质直，重耻辱。《孟子》言"所恶有甚于死"，《吕览》言"辱生为下"，《荀子》述子夏之徒称"狗彘尚有斗"，汉周党杀辱其师者，皆儒者之言行，礼家所称述也。郑氏谓"父母兄弟师长尝辱焉而杀之为得宜"，江氏以为缪。岂可以今世顽钝之见格古人乎？《汉书·薛宣传》，廷尉直，引传曰："遇人不以礼而见疻者，与痏人之罪钧，恶不直也。"是汉人治狱犹以礼为重，不若后世专论情也。

《通典》："周武帝初除复仇之法，犯之者以杀论。"是汉、魏、六朝及北朝魏、齐律内，并有复仇法也。唐律因隋，隋律因周，元、明之律又出于唐，亦并无复仇之法。今人不谙古事，动以《周官》许复仇为异事。姬公制作，岂知拓拔迪胸臆间事哉！周武除复仇之法，而令凡报仇者造于士而自杀者无罪。即袭《周官》法也。视唐律不书复仇者已为近古，而当时犹谓之除复仇法。然则自汉以来旧律，虽不造于士而自杀之犹得无罪，可知也。古重复仇，犹今贵杀奸。今人怪古人许报仇，虑相杀无穷。假令古人生今，亦当怪许杀奸启擅杀不忌矣。元《刑法志》："诸人杀其父，子殴之致死者，不坐；仍于杀父之家，征烧埋银五十两。诸奴受本主命报_{原作执}。仇杀人者，减死流远。"则元法亦听报仇。

录自《杂札》

晋惠晋文

　　晋在献公之世，其民习战，其臣多材。以新造之国，而浸浸有抗行齐、楚之势，可以为强国矣。惠公用之而败于韩，几亡其社稷。秦穆问瑕吕饴甥曰："晋国和乎？"知夷吾之败，不在不能用师，在不能和众也。祸起于衽席之间，难作于亡人之党，虽重耳深得人心，民气嚣劲，十余年无以靖之。其可乎？伐原示信安其居，大蒐示礼生其恭，有内难而兼外侮，非此不足以默化潜移。成霸略者，未有不资王道也。黜魏犨，杀颠颉，禄不及介子推，而郤縠、先轸，皆非从亡之士，此可见文公之用心，狐、赵之善处危疑矣。阳处父行并植于晋国事，当与此相涉。襄公一代多内乱，灵公之嗣立也，晋人以难故，欲立长君。夫以重耳得民，而三怨余衅，民一动而不可靖也如此。况君不如重耳，臣不若狐、赵者乎！

録自《冶城客话》

庄氏《说文古籀书证》

庄氏《说文古籀书证》，潘尚书刻本，世号为难读。观其所系联者，可析合者，不过推《说文》支干廿二字许氏之义，又以十二肖五行比附之，贯串牵引，固已勉强，而讥许氏信小篆，昧古文，树一帜，而思夺之席，无乃昔人所谓虫生于木而还食其木乎？其部首多有两见者，固由今传残稿，非其定本。而若戊戌己巳之类，形固有大体相近者。诸字系联，既非自然之训，又无古训可依，凿空好奇，造兹异说，则其繁复不理，势所必然，无足怪也。其说既专主象形，而有从厶者，又从厶省；既已目为会意，而仍为象形者。使庄氏说古籀而并六书废之则已，既称用六书，而乱其义例可乎？韦续《五十六体书》言："气候时书，汉文帝<small>当作武帝</small>。司马长卿采日辰会屈伸之体，升伏之势，象四时为之。"世尝以为野言。若庄氏之书，其韦续所称司马长卿气候时书之旨欤。

录自《潜究室札记》

《倭名类聚抄》引唐以前小学书

　　《倭名类聚抄》农耕具钑字注云："麻果《切韵》云：'钑，钩钑也。'源氏音普麦切。"笺云："《现在书目》,《切韵》五卷，麻果撰。今无传本。"《类聚抄》所引小学书，有《四声字苑》不知撰人、张戬《考声切韵》、郭知玄《切韵》、释远年《兼名苑》、孙愐《切韵》、《唐韵》、《文字集略》阮孝绪、陆词《切韵》、蒋鲂《切韵》、祝尚邱《说》笺云："《现在书目》，蒋鲂《切韵》五卷、祝尚邱《切韵》五卷。"、《声类》、《苍颉篇纂要》笺云："戴安道、颜延之皆有《纂要》，不能决为谁氏。"、徐广《杂记》，皆唐以前不传古书也。所引有《玉篇》，又有野王案；有陆词《切韵》，又有陆词曰；有孙愐《切韵》，又有孙愐曰。而陆、孙《切韵》文与今《广韵》同者多。所称陆、孙曰者，文与今《广韵》不同者多。此当有说，仓卒未能得其证也。

　　寻《广韵》卷首所列，自郭知玄以下增加字者凡九家。郭知玄《拾遗绪正》别以朱笺，盖如《本草》之黑白字。然其诸家加字，理亦当标其名字。祝尚邱既自撰一书，则于王仁煦以前诸家，固当如《一切经音义》之例，各加征引。严宝文三家，次于孙愐之后，则源氏标《唐韵》者，出于孙氏本书。标孙愐曰者，盖他家《切韵》所征引欤？据孙愐自叙，颇以训注繁博自矜。今世所传广略两本，略本固自不论，广本亦不能称叙文所指。《广韵》题目，本自张参。《通志略》载《唐广韵》五卷，张参撰。陈彭年等重修，疑即据张本，非孙氏原书也。其卷首所列，疑亦张氏原文。敕赐绢五百匹，是张氏进上时事，非陈氏进上时事也。大中祥符敕改为《大宋重修广韵》，明为对《唐广韵》而言。

句中正等详定《雍熙广韵》一百卷，《宋志》载之，《通志略》亦载之。此尚在景德前二十年，当为笺注繁博之书，或据孙氏原本，惜其不传耳。臆测张参所谓《唐广韵》者，以增加字为广，非以笺注为广也。

录自《辛丑札记》

宋本《通典》跋二篇

北宋刻《通典》，小字每半页十五行，行廿六七八字不等。缺讳至真宗，而补板极多，半幅挖补、数行挖补皆有。昔游东瀛，于其内府图书馆见所得朝鲜国库所藏北宋板《通典》，有大辽统和□□□年贡使购得题字者，与此正同，第彼无补板耳。有"薛玄卿印"、"朝阳"印、"洞玄冲虚崇教真人"印，朱文。幅高工部尺七寸四分，广五寸二分。《揭曼硕集》有《送道士薛元卿归江东》诗。

光绪乙巳冬，见朝鲜国库所藏有大辽统和二十□年使臣购入题字者于东瀛，当时默有神剑归吴之祝。越今十有六年，焕若神明，顿还旧观，则又不无延津重合愿也。余斋老人观记，庚申五月晦日。

录自《海日楼书录》，上海图书馆历史文献研究所编：《历史文献》第 16 辑，上海古籍出版社 2012 年版，第 421 页

《留真谱》宋本《通典》题记

　　《留真谱》宋本《通典序》，凡三页。第一页《进通典表》，校傅本幅高多一分，"贞"字不阙末笔，他字体亦不尽同。第二页李翰序，傅本每行廿七字，《谱》每行仅廿六字，行款大异。惟第三页与傅本吻合无差，审非二板，疑《谱》所据本首二页是补刻也。瞿氏《藏书志》言，一百五、六、八、九卷末有"盐官县雕"字。

录自《海日楼书录》，上海图书馆历史文献研究所编：《历史文献》第 16 辑，上海古籍出版社 2012 年版，第 422 页

元刻《通志》题记

　　元刻《通志》，每半页九行，行廿一字，幅高营造尺九寸五分，似宋刻而元明补者。

录自《海日楼书录》，上海图书馆历史文
献研究所编：《历史文献》第 16 辑，上海
古籍出版社 2012 年版，第 411 页

明正德本《文献通考》题记

慎独斋刻本，池北书库旧藏。光绪丙午乙庵得之京师隆福寺。

录自《海日楼书目题跋五种》

冯天驭刻《文献通考》题记

　　冯天驭刻《文献通考》，前有至大戊申七月既望番阳公门下士李谨思养吾叙，检慎独本有。

录自《海日楼书录》，上海图书馆历史文献研究所编：《历史文献》第 16 辑，上海古籍出版社 2012 年版，第 411 页

《东汉会要》题记

　　《东汉会要》，每半页十一行，行廿字，幅高营造尺七寸二分，广五寸二分。阙卷皆全。古栝叶时序称刻在郡斋。

录自《海日楼书录》，上海图书馆历史文献研究所编：《历史文献》第16辑，上海古籍出版社2012年版，第421页

《东朝崇养录》题记

　　《东朝崇养录》一册，徐星伯从宫史及敬事房档册录出。乾隆十六年、二十六年、三十六年，慈宁太后万寿，高宗恭进九九典福帙。十六年恭进寿礼九九，凡五日。二十六年，凡十一日。三十六年，凡三十三日。

　　　　　　　　录自《海日楼书录》，上海图书馆历史文献研究所编：《历史文献》第16辑，上海古籍出版社2012年版，第416页

《道光乙酉科福建明经通谱》书后

上《道光乙酉科福建明经通谱》，是当时坊间所刻。眉间墨笔，先司空公手迹也。光绪丁丑在粤，与六弟检书旧箧得之，乞于先叔父连州公，携以归。南北宦游，经今四十年，几不复省忆。今春偶得林文忠与司空公书牍数通，吾宗涛园中丞为作跋，钩稽年月，推求详核，因为述文忠遗事，又述在闽所闻某老人说司空公在闽遗爱声迹，言张亨甫得罪于某公，腾书制府，扼其应试，司空公卒拔取之，大得士林称颂。植生晚，未能溯家世旧闻，顾窃意秋闱糊名易书，闱中固无由知孰为亨甫，虽有忌者，技无所施。顾既言之凿凿，事必有绪。及翻此册，乃知亨甫为是科明经，非孝廉，孝廉卷无由知明经卷校等第，考声实，忌者盖以是中之。是时督闽者孙平叔先生，魄力宏大，而司空公衡鉴至公，不为形势所摇，宜其事为艺林所记。先君子都水公与叔父编次年谱，于在闽会考选拔独详，而于绅士赠行，刊为《辀轩鼓吹集》四卷，注中录其序文，有"至于造举拔萃，益励凤心，盖近溯百年之贡太学，无如此一时之多寒畯"云云，语意与老人言至相近。其中自必有事在，或当时且不止一亨甫，未可知也。

涛园又述老人言，谓光绪中闽人士曾议建三沈公祠，谓乾隆中督学沈椒园先生、道光中督学先司空公、光绪中督学沈叔眉侍郎，皆浙籍也。已而中格，独建叔眉侍郎祠。意当时耆旧尚多，必尚有能记其他遗闻轶事者。曾植生晚，不及多见长者，不获遍诹度以裨家世旧闻，愚固之愧，内省滋疚也已。

录自钱仲联辑录:《沈曾植海日楼文钞佚跋（二）》,《文献》1991年第4期

《季汉官爵考》《补汉兵志》
《今水经》跋

　　上三书，庚子岁三月过广陵得之，皆旧钞。《季汉官爵考》为松霭先生稿本，卷中涂注皆亲笔。《补汉兵志》为历城周书昌先生借书园本，面页题字，是桂味谷真迹，皆可喜也。《今水经》末原阙数叶。是岁六月复至广陵，检理行箧，因记篇末。姚埭瘕禅沈曾植。

录自《寐叟题跋》

《唐六典》题记

　　辛酉岁冬至前四日，沈曾植敬观于海日楼。于是世间《唐六典》遂无阙文，甚难得也。

　　　　录自《宋本大唐六典》，中华书局 1991 年
　　　　版，第 455 页

影宋本《重详定刑统》跋

标题《重详定刑统》。考《宋·艺文志》著录《刑统》二种：其一曰张昭《显德刑统》二十卷，为周刑统；其一曰窦仪《重详定刑统》十三卷，为宋刑统，即此本也。晁、陈所录，皆此本。陈记范质建议始末。周刑统行于显德五年，宋刑统成于建隆四年，皆在质为相时。然则主其事者实鲁公，成其书者，法官苏晓、奚屿、张希护等，仪特以判大理寺专其名耳。

此书除天一阁藏本外，诸家目绝无著录，虽中秘亦无之。此本即天一阁藏，今归南浔刘氏，可谓海内孤本。然检明《文渊阁目》，有《唐刑统》一部，三册，阙。《宋刑统》一部，十册，阙。《宋详定刑统》一部，八册，阙。则阁中存本尚多，何以明人私录阁本，范氏外，他家竟略不留意，岂刑法类书，不为藏书家重耶？

书为影宋钞，"微"字缺笔，刻本盖已在仁宗以后。每半页九行，行大小字，皆十八条内文句同，按之《唐律》，有移易者，有增加者，如卷第十《唐律》题"职制"中旁注曰："一十九条。"《刑统》则首行署"卷第十"，旁注："职制律。"第二行大字书"八门"，小注云："律条十八并疏，令条一。"所谓"律条十八"者，《唐律》

"制书误辄改定"一条，今移在第九卷内。"令条一"者，新增准公式令"诸写经史群书及撰录旧事，其文有犯国讳者，皆为字不成"一条也。

翰怡京卿刻入丛书，稍变其体，余为校其异同，附记于后，爰识其大略如此。壬戌九月，嘉兴沈曾植。

卷十　八门

误犯宗廟讳　奏事及余文书误　应奏不奏　代官司署判

《唐律》四条　上书奏事犯讳　上书奏事误　事应奏不奏　事直代判署

出使不返制命

《唐律》受制不返

匿哀　听乐从吉　冒荣居官　委亲之官　冒哀求仕　父母被囚禁作乐

《唐律》匿父母夫丧　府号官称犯名

指斥乘舆

《唐律》同

驿使稽程　驿使以所赍文书寄人　文书遣律　乘驿马

《唐律》驿使稽程　驿使以书寄人　文书应遣驿　驿使不依题署　增乘驿马　乘驿马枉道　乘驿马赍私物

在外长官使人有犯

《唐律》长官使人有犯

输纳符节迟留

《唐律》用符节事讫

公事稽程及误题署

《唐律》公事应行稽留

卷十一　六门律条十七并疏　格敕条八　起请条一

奉使部送雇人寄人

《唐律》奉使部送雇寄人

长吏立碑

《唐律》长吏辄立碑

请求公事　曲法受财请求

《唐律》有所请求　受人财请求　有事以财请求

枉法赃不枉法赃　强率敛　此率敛是敕文

《唐律》监主受财枉法　有事先不许财

受所监临赃　乞取强乞取赃　监临内受馈遗　监临内借贷役使买卖　游客乞索

《唐律》受所监临财物　因使受送馈　贷所监临财物　役使所监临　监临受供馈　率敛监临财物　监临家人乞借　去官受旧官属　挟势乞索

律令式不使于事

《唐律》称律令式

卷十二　十门律条十四并疏　令式敕条十五　起请条一

脱漏增减户口　疾老丁中小

《唐律》脱户　里正不觉脱漏　州县不觉脱漏　里正官司妄脱漏

僧道私入道

《唐律》私入道

父母在及居丧别籍异财　居丧生子

《唐律》子孙不得别籍　居父母丧生子

养子　立嫡

《唐律》养子舍去　立嫡违法　养杂户为子孙

放良压为贱

《唐律》放部曲为良

相冒合户

《唐律》同

卑幼私用财　　分异财产　别宅异居男女

《唐律》卑幼私擅用财

户绝资产

《唐律》无

死商钱物　　诸蕃人及波斯附

《唐律》无

卖口分及永业田

《唐律》卖口分田

检"户绝资产"及"死商钱物"二条，一准丧葬令，附以敕条起请；一准主客式，附以敕条起请，并非律文。《刑统》与律文并列为十门，非也。然元本《唐律疏议》后附《释文》，出"觊望"二字，实释户绝条开成敕如有心怀觊望。又出"埋瘗"字，则释死商条户部奏请量事破钱物埋瘗之文。岂此山贾冶子《释文》所据之本，《唐律》已与《刑统》淆耶？王元亮表，无此二条。

卷十三　九门律条十八并疏　令敕条七　起请条五

占盗侵夺公田

《唐律》占田过限　盗耕种公私田　妄认盗卖公私田

在官侵夺私田　盗耕人墓田

典卖指当论竞物业

《唐律》无

婚田入务

《唐律》无

按，《刑统》二条皆杂令，非律文，亦不应列为二门。

旱涝霜雹虫蝗　_{部内田畴荒芜}

　　《唐律》_{部内旱涝霜雹　部内田亩荒芜}

课农桑

　　《唐律》_{里正授田课农桑}

给复除

　　《唐律》_{应复除不给}

差科赋役不均平及擅赋敛加益　_{输税违期}

　　《唐律》_{差科赋役违法　输课税物违期}

婚嫁妄冒　_{离之正之}

　　《唐律》_{为婚女家妄冒　有妻更娶　以妻为妾}

居丧嫁娶

　　《唐律》_{居父母丧嫁娶　父母囚禁嫁娶　居父母丧主婚}

　　《唐律》元本，律文顶格，次行低一格，冠以"疏议曰"三字，黑地白字，以下为疏议。此《刑统》律亦顶格，次行亦低一格，而析疏议为二，如"奉使部送雇人寄人"条，律文"诸奉使有所部送而雇人寄人者"至"仍以纲为首典为从"。凡律文，顶格四行，次低一字，黑匡白文，"疏"字下云："诸奉使有所部从而雇人寄人者杖一百，阙事者徒一年，受寄雇者减一等。"全录律文。其下接以黑匡白文"议曰"字，其下双行小字，则《唐律疏议》文也。无增减异同。此节凡五行，其下提行，仍低一格，大字书。又曰："即纲典自相放代者笞五十，取财者坐赃论，阙事者依寄雇阙事法，仍以纲为首，典为从。"律文下接黑地白字"议曰"，以下双行小字，亦即《唐律》之"疏议曰"文也。骤视之，若疏、议为二，其实"疏"字下文，即诸经疏之某某至某某之标目，"议曰"如诸经疏之"正义曰"。诸经疏黑地白文，疏字作大字居中，某某至某某及"正义曰"皆为双行小字，眉目较清。《刑统》标目，大字录全文，"议"作双行小字，若二事然，不及经疏眉目清晰也。其目下所谓令敕格者，如准某某令，准某年敕，某年敕格者，皆低一字书之。所谓起请者，令敕后低三字书"臣等参详请"云云，即窦氏所详定矣。

考《南雍志》书板："《唐刑统》三十卷，存八十六面。"是南雍板题作《唐刑统》。《文渊阁书目》："《唐刑统》一部，三册，阙。"盖即南雍本。唐无《刑统》，颇疑南雍本亦元人所刻，误加"唐"字，如元刻《疏义》称《故唐律》也。此本题"重详定"，自是宋世旧题。阁第三本，当与此同。然第十二卷至十三卷六页，板心独有《刑统》卷十二三字，鱼尾上有字数，鱼尾有刻工姓名，第十三卷后半及十卷、十一卷、十四、五卷皆无之。今刻本皆去之。范所影钞，盖非一本。

录自钱仲联辑录:《沈曾植海日楼文钞佚跋（二）》,《文献》1991年第4期

《宋元检验三录》跋

光绪庚子六月，广陵嘉兴会馆南轩雨中，以纯常所得东瀛复刻朝鲜本校一过。此刻本即徐午生所收钞本之祖，行款同，讹字亦同，而钞本多一誊移，舛失滋甚。如前叙刻本是柳义孙，钞本讹义赟，其一端也。曾植记。

东瀛钞《新注无冤录》二卷，前有至大改元长至日东瓯王与自叙，次临川羊角山叟序，次正统三年十一月朝鲜中训大夫集贤殿直提举知制教经筵侍读官柳义赟奉教叙；后有庚申春通政大夫江原道观察黜陟使兼兵马节度使兼监仓安集转输劝农管学事提调刑狱公事知招讨崔万理跋。盖朝鲜庄献王裪得中朝元代刻本，命其臣吏曹参议崔致云、判承文院李世衡、艺文馆直提学卞孝文、承文院校理金滉等为之音注，而刻于江原道者。义赟序作注之事，万理序刻书事也。《无冤录》旧刻于胡文焕《格致丛书》中，其本世不多见。嘉庆以来，孙渊如、顾千里始为表章，于是吴山尊刻之《检验三录》中，韩氏刻诸《玉雨堂丛书》中。两本所出不同，而皆未得见王氏自序，故《平冤录》为赵逸斋所订，明见于王氏叙中，而自来著录家皆不知也。新注意存通俗，无大发明。其叙目先后，则与吴、韩两本迥异，其上卷为吴本《无冤录》之下卷，而吴本上卷"今古验法不同"以下十三则，列于卷首，不入目次之中；其下卷即吴刻之《平冤录》，诸吴本条下注出《洗冤录》者，或注"出《洗冤录》"，或注"《平冤》《洗冤录》同"，诸条下无注者，皆注出《平冤录》。据《平冤录》多引据结案式，而《无冤录》首条王氏自言，今检验多取《洗冤》《平冤》二录，不参考结案式，此《无冤录》之所由作。然则《平冤录》旧本必无有结案式错出其中。元代上司所降，赵氏宋人，无由见之，及王氏乃考详加入。今《平冤》乃王氏增损之本，非赵氏原本显然矣。王氏本以此为《无冤录》之下卷，不知何时乃复析为二书，于王书为不完，于赵书已非旧，殆明世建阳书肆率尔改题。如《平冤录》自缢死条"自缢活套"注"《平冤录》作绡字"，今本《平》改《洗》；又"单系十字"注"《平冤录》作十字挂"，今本亦改《平》为《洗》，检《洗冤》，初无作绡、作十字挂者，皆点窜有迹可见者。又刃伤死条"肉痕齐截之说，与今之考试相远，前论已及之"，前论者，即《无冤录》首古今检验不同论也。若赵氏书，岂得王氏论哉。

录自沈颎校录:《海日楼群书题跋》,《同声月刊》第 3 卷第 4 号

朝野类要题记

　　知不足斋所刻为武英殿本。此本盖亦从宋本移录者，所出不同，文句间有胜处，本丰顺丁氏藏书也。

录自《寐叟题跋》

　　丁氏持静斋藏书，宣统壬子季秋，沪上购入。

书张氏二烈女事

痛乎今之从政者之所谓法律之贼人心悖天理也，锄愿而庇奸，法吏因之，蹂廉耻，钺名教，尤恶夫女子之守贞节者，曰吾所学无此理，则一切以儿戏诀之。悲夫！天之苍苍，其终忍此下民之冤沉无告也耶？则又曷为赋之秉彝而生其羞恶之性也？

张氏二烈女，南皮人也。长曰立，次曰春。父曰绍庭，母金氏。张为南皮士族。绍庭贫负贩，已复折阅，挽赁车于天津，则又亡其车，无以偿，闭门泣。戴富有，倡家也，瞷绍庭二女，冒良人以媒往聘春，诱绍庭曰：得聘钱以释难。绍庭贸然以春许戴次子。逾三年而绍庭卒，富有言曰：绍庭与我饮，许我长女字我长子，次女字次子。金曰：无之。则使其妻以甘言诱金同居，既同居，乃徐劝金改醮，女习乐歌。金悟而怒，徙居携子女去。戴妻强留立，笞逼习歌，号哭闻于邻。金往迎而哄鸣警察，警察直金，立得归。于是戴富有以悔婚控金氏于所谓地方审判厅者，厅不直金，判以春归富有长子，固已颠倒任意矣。戴富有复造伪婚书，谓金以二女字其二子，控于所谓高等审判厅者，厅复不直金，判以立归戴长子，春归戴次子。一切诈欺凌逼良贱曲折、邻里佐证、警察原案，皆不问。戴富有讼胜，迎女有日

矣。金急语二女，我以死庇汝。二女泣曰：女有以自处，母死如弟
何。一夕，姊妹同服燐焠，毒发死，立年十七，春十四也。其事在丙
辰三月。天津人冤痛二女，传其事，法吏闻之，笑国人无能诘也。

录自钱仲联辑录：《沈曾植海日楼佚碑
传》，《文献》1993 年第 2 期

《秦边纪略》书后

此书记载详密，所言皆得诸亲历，为地理家有用可据之书。祝囊怀阿儿理之徒，后皆革面，怀音保边，戢我戎索。然当康熙三十年以前，三藩未戡，噶尔丹未翦，诸夷部落繁多，杂处近塞之间。积薪厝火之虑，不独西边诸帅心危；当时圣祖谕旨，亦未尝不内纡神算也。谈掌故者，溯西边旧事，至乌阑布通而止，岂知贺兰、青海之间，彝情尚有如此曲折。微此书觊缕记述，不独当时情势不彰，何据以窥诏旨之微意哉！

作书之人，不自署名。《四库》著录，已不能考其时代名氏。吴氏刻本，盖与阁本同。吾友李越缦御史，得一抄本。卷端首署《灰画集》，有李恕谷之弟李培自叙，称从博野令赵君所，得见江右黄君所集《秦边纪略》三卷，于西秦恢复驱逐之策，若数一二而道黑白，抄附于所集万季野《经济说》《九边》、王崐绳《舆图指掌论》之后。为《灰画集》之第十九、二十、二十一卷。其书首署江右黄君亲睹阅历，亦不著黄君名，盖培亦不能确知为何人。书中有刘继庄语，李仲约学士疑为明世之遗民。记一书言是彭躬庵辈所为，躬庵尝游秦中，然著书无名证。吾弟子封，据《广阳杂记》以为此即梁质人之

《西陲今略》也。记言梁质人留心边事。辽人王定山，名燕赞，为河西靖逆侯张勇中军，与质人相善。质人因之尽历河西地，著其山川险要、部落游牧、强弱多寡离合之数，洞若观火。为一书，凡数十卷，曰《西陲今略》。在都门见其书，而未及抄，每与宗夏言，以为憾。壬申春，与质人遇于星沙。夜以继日，了此一愿。书凡五册，凡五百余纸。节繁撮要，亦不敢太略。计蝇头小草，一纸可括其三四纸。二十余日而毕。近疆夷地，及诸夷小传，皆录毕矣。尚有一册乃西域诸远国，及筹边方略，皆质人未定稿也。此则俟之异日，纵有余力，亦不必写。而予书已成完璧。又一条云：料理《秦边九卫图》，着色毕，丹碧灿然，亦可喜也。虽未尽余胸中境界，然山川之阨塞险要、驿站之远近迂直、兵将之所驻扎、外夷之所游牧，已纤悉备具矣。据继庄所称近疆夷地、诸夷小传，全与此书体例合符。而所谓尚有未抄一册，乃西域诸远国者，正指今吴氏刻本卷尾之《西域土地人物略》一篇。据《提要》，阁本亦有之，而李本独无，此可征李氏所传，即刘氏手抄之本，彰彰不疑矣。而所谓江右黄君者，即梁质人之辗转传讹。黄梁音近致讹，张靖逆幕客秦督佛公幕客，事近致讹。抑其中资质人游历者，本有王燕赞其人；而刘继庄之弟子黄宗夏，或亦参预抄书之事。由斯致误，亦未可知。姚椿《通艺阁文集》顾祖禹传云：魏禧弟子梁份，传禧学，为《秦边纪略》，有书无图。刘湘煃尝得一图，与份书宛合。而与《方舆纪要图》多牴牾。湘煃合订为《秦边纪略方舆纪要图考》一卷。姚氏谓此书为份撰，其言当有所受之。湘煃所得之书，疑即继庄书中之《秦边九卫图》也。杂记本排日记纂之书。其料理《九卫图》一条，适在抄《西陲今略》条后。而九卫云者，又与《纪略》篇首全秦边卫之名相涉。则《纪略》本有图，可意得也。梁质人本韩非有幕客，尝为使吴三桂乞师，其后隐约终身。刘继庄之为人，谢山亦有隐名避雠之疑。康熙朝文网阔疏，朝廷宾礼遗民，诸公咸跌宕京师，王公等迎为上客。及雍正后文字之狱数兴，而著书传书之人，多湮没其迹，前贤名氏，唉于狐貉者多矣。因吾弟之言，冬夜排寻钩稽得此，似可为定论也。

录自《学海》创刊号，1944 年

《汉律辑存》凡例（代薛尚书）

　　萧何之律，本自李悝。汉晋法家，传之有绪。而应劭《风俗通》谓《皋陶谟》虞始造律，萧何成以《九章》。《傅子》谓律是咎繇遗训，汉命萧何广之。其在秦时，则吕不韦称咎繇作刑。韩非谓刑弃灰，是殷法皆推秦法而傅之古制。九流之学，莫不托始帝皇。然《班志》言法家本出理官，而李氏系出咎繇。世世司理，以官为氏。则李悝之学，必有所本。应劭、傅玄之说，不可废也。汉律文尔雅古质，略与《周官礼》《大戴礼记》《尚书大传》所载古刑名说相类。自晋沿唐，有革有沿，文句大体实相祖述。捃拾碎遗，研其由趣，斯亦足以观古会通，察世轻重者矣。叔孙通益律文为傍章十八，汉律文多载仪式制度，或疑即傍章之文，而无坚证以明之。其张汤、赵禹、大小杜君之学，汉世传习由用，陈群、刘劭犹尚及见。而如淳、孟康诸人，称引旧文，不加识别，后世无从考辨，惜哉。庄周称刑名比详。温城董君，决事比汉世，与律令同用，今亦附入此类焉。辑《律文第一》。

　　汉律有古文，自李斯、赵高以来，故萧何草律，著试学童史书之法，《说文》所载，古模略可见也。《方言》《急就》《广雅》《释名》，所传诂训，有关刑制，皆法家汉学所当省览者。若略人略卖人之训，断以唐律旧注，不以道取为正，借《方言》证之。举一以反，足可致思。阳湖孙先生尝欲为律音义，有由也。辑《律诂第二》。

《汉·艺文志》，录《法经》而不录《律篇》。晋中经簿，亡不可考。《隋·经籍志》，录存魏晋以下之律，独汉律不存。岂非旧律繁芜，艰于传习之故哉。其略可考者，大抵依《晋志》为本，而杂采他书附益之。辑《律篇目第三》。

汉世法家，颇多异议。复肉刑，减死罪，其大端。他如复仇轻侮，柯宪屡易；决囚造狱，小大以情。准《通典》杂议之例，辑《律杂议第四》。

《汉书·礼乐志》言礼义与法令同录，藏于理官。至魏新律，乃别书常事品式章程，各还其府，以为故事。然则汉律文繁，非独前后相蒙，亦由所赅广博故也。诸官仪典职，有关刑名者，非必律文，而可观汉制，以辑为《杂事第六》。

经义断狱，《春秋》为宗。《公羊》在汉世，犹《春秋》家显学也。何劭公注，多与汉律义相表里。阳湖刘逢禄治何氏书，集为《律意轻重说》一篇，说或舛或漏，不尽可据。今加增考论，仍旧书一篇，附于汉律之末，为《何氏公羊律意说第七》。

录自《学海》第 1 卷第 5 期，1944 年

《法政学交通社杂志》创刊题辞

报界有二：曰新闻，其飨社会以普通见闻者耶；曰杂志，其飨社会以高等知识者耶。就社会现象观之，有新闻无杂志，是为有见闻而无知识，流弊盖多。而我邦报界，勇于言新闻，怯于言杂志。询其故，曰国民程度未高故。噫！国民之程度未及耶？毋亦报界之程度未及耶？留学诸君创设《法政学交通社杂志》，例甚晰，意甚伟。吾甚乐夫诸君之不卑视吾国民也。进化有资，祝杂志发达，祝海内贤智助杂志之发达。

光绪丙午由拳沈曾植书于日本东京芝区西久保巴町旅馆

录自《法政学交通社杂志》创刊号，1906 年

海日楼日记（残篇）

廿六日①

九点钟至吏科画凭。晤艾观亭庆澜、丁□□之栻、嵩□□□三给谏。余寿平、朴仁山亦均于是日领凭。

傍晚，蒋稚鸿主政廷绂送凭来。病不能见，护儿见之。

廿七日

晨至那堂处贺喜。晤萨季谦荫图、陈亮伯。至梦陶处饭。观画竟日。王、恽画册，南田均秀稚，石谷均雄厚。宋元书札八大册，毕秋帆集。明及国初人手札六小册，选择精绝，盖广陵人所集。王若霖有跋。麓台两幅皆真，一精，一稍次。

廿八日

段友兰招饮。坐中吉安周君，言识大兄。闽陈君子寿，李拔可之戚也。又闽客二，一字吉哉，吏部。又字杏□，甲午翰林，兴化人。

廿九日

来客味纯、橘农、钱叔楚锡宝、干臣、樾棠、方勉老、啸霞、班

① 据龙沐勋考证，此为沈曾植在光绪季年所作日记，见后文龙沐勋按语。

侯、家沂伯泗孙、福臣寿康、景虞、思秦、佐霖。

三十日

出门谢客。午正归。

癸酉公请。见萧皣农熙、蒋艺甫式芬。丙戌公请。见刘益斋学谦，陈松山于海帆公请。

三月初一日

辰初日食，辰正三刻复圆。食甚百分之八十六。朱郁堂献廷同绍兴余□□□□周谨臣□来。皆浙送大学堂师范生也。

杨子勤、钟义自鄂来。言仲茇送出洋诸生至沪，其世兄同往。

初二日

广信京官招饮于谢公祠。主人六。江小涛工部德宣、□□绍铨、滕东谷梅、俞翼庭凤官、俞瑶臣、□□前邢台县。任星侍□□□。官□□滕署直官，英文课期不到。

少渠招饮。辞之。

振卿司寇招饮。同坐琦瑞卿璋、郭冠卿集、黎雨生大钧、朱炳卿占科，郭、黎、朱皆户部。

郭春渔招饮福州馆。自谢公祠出矢家胡同口，车覆不得往。至花农处略坐而归。

初三日

午，饮章罴庵寓斋。出示其祖先遗像。唐章衡、宋章得像。章棨，三世，明季章旷所模也。

晚，林梅贞农部招饮全福会馆。故财盛馆也。

初四日

入城。送王文敏公神主附祀韩祠。朱郁堂献文招饮同丰堂。同坐徐□□、楼广庵、余□□。

初六日

周镜渔招饮。坐中遇王玉衡廷铨。刑部直隶司主稿。

初七日

勉老招白焜甫、汪范卿、班侯、桂卿、樾堂五弟及余饮与粤东会馆。范卿、樾堂及余为客。皆二月生日也。

初九日

孙仲愚招饮。坐有□君□□，将适美赛会。

初十日

吊于子敦侍郎之夫人。晤俞锡甫、胡仲巽言、蔡耀甫燮昌之子师愚宝善。在张治老处办文案。沈小猗熟其为人。得沈□□承俊巴黎书。言法国新党，为政府颇与教徒为难，有裁减东方传教经费之说。

　　上日记残稿二叶，书于读藏经笔记之前，为先生官京朝时作，当属光绪季年也。当日京朝士大夫，宴饮无虚日，亦足见一时风气，与夫联谊之雅、物值之廉。以今日视之，真有"此曲只应天上"之感矣。录毕怅然。乙酉初夏，龙沐勋附识于金陵寓宅。

宣统元年十二月廿日

会议厅与闭会后不提议案之制合否，似应咨馆核准再行。

庶政决之院议，各款听于部核。刻木牵丝，此后无所用心可已。

廿五日

外部电，铜官议定津贴五万二千镑，两礼拜交付。酉初上院，相对太息。

三十一年一百五十七万，三十二年底结存一百九十三万，三十三年一百卅九万，三十四年九十五万，本年仅八十万。钱粮之收入如此，而横出之需款如彼，危乎危乎。约计近两年钱粮亏空之比，乃适如铜元制钱四五之比。童茂先言：雪后远山皆近。此语剧有味，因用其意为送行诗云："雪后远山都献状，病余送客更开筵。谁关羊叔铜台泪，已到花萎目瞬年。"写扇头以赠正刚。正刚叹咏不已，以为山谷也。

廿六日

美晴。财政局开会议，俞寿田持地方不认议甚坚而有思理。发部电，并代拟中丞电。监理不署衔，予亦不强。外部责梗议，固意中也。

恽芝生、黄履之归。公债略有眉目。

廿七日

美晴。得外部电，铜官款已奏准。愤懑无可言者。无款可以筹，听参而已。

廿八日

晨阴。申初雨。部电杳然。昏闷竟日。

作复桂老书。

宣统二年正月朔日丙午

阴。午后微扬雪花。晨兴至关庙拈香。不贺年、不谒院。归署祀祖。

除夕祭先见《梦粱录》，而《家礼》不载。《家礼·祠堂篇》：俗节则献以时食。注谓节如清明、寒食、重午、中元、重阳之类，亦不言除夕、元旦。《语录》：朔旦俗节，酒止二上斟一杯，则礼更减于清明、寒食等节矣。今时岁首祭先，特为盛祀。南北琐节有异，而大体不殊。各处乡风，间有存宋明旧俗者，其来有自，未可以《家礼》

不载议之也。《五礼通考》《吾学编》并无元旦祭。礼毕，肃占《易》卦，遇兑之上六，因自篆小印曰兑庐。

初二日

晴。偕寮属谒院。

晚得部电，依违其词。

初三日

晴。晨应院召，商偿款事。余谓两部皆以借立言，止可就借字着想，洋债万不可借，止可借公债。而公债尚未奉旨，万万来不及。奈何。

晚发寒热，面左肿，内痛连齿床。

初四五六日

病卧数日。面肿消而腰痹复发。

熊也园自金陵归，所得书多新刻，无旧本。惟《续文献通考》差旧。

粤督通电告兵变，情形大略与皖同。卞柳门来言：旧岁皖变后，斥退将弁入粤者不少，皆南京、扬州籍也。恽芰生言：有倪□□者，在皖颇传播宗旨，后亦适粤。其人马术甚精。朱稷臣来，颇言征兵之害。有三十六镇成而国命亡之慨。余谓事固不可概论，就其显者言之：一江南征兵最不堪；二江南征兵第一次者尤不堪；三江南第一次征兵之将弁断不可用。皖之受害在此，粤其有同病乎。卞又言"去岁八月十五，兵警交哄，幸公镇住"云云。余笑谓卞公，当日苦争，适堕若辈术中，而仆苦不能正告也。

检箧中拓片遣日。经岁未动，尚移居时旧位置也。《嵩山三阙》旧拓全形者皆霉损，《尹宙》旧拓碎为片片，孔荭谷藏《感孝颂》亦靡碎，视之痛心。皖城宁复可居乎。

初七日

腰膂粗健。发京函。又致汪伯唐一件。

初八日

销假上院。中丞为言：晤宝香石，言山西赎矿款，由地方筹。始由银号借款，继从亩捐归款。

拜客。晤玉廉访。腰病复作，且齿痛。遂归。

初九日

竟日疲惫。粤复电来，匪散民安。

初十日

万寿日。中丞约饮，坐有江西蔡子庚太尊。□直隶大学堂监督，办学五年矣。阅李审言详《愧生丛录》，淹雅有思理，真读书人也。

十一日

疲惫益甚。午后谢客。

廿九日

钮大令来，呈部办信。三品实官之子，应得三品荫生。如奉旨外用应用知县，内用应得科中等官。惟先须由本省督抚奏准立案，方能领取荫生执照。本人至二十岁始可引见录用。将来由荫得之官，仅可捐封，能以捐至二品。不能请封。至外官承荫领照，三品三十两，印结等费在外云云。

二月初二日

代拟复法领事电。来电悉，英山教堂尚未成立。昨据费司铎言，金家坡有买地纠葛事。当即饬县查明，妥为清理。岁初并因费言，地方不安，调派防营，密为保护，似不至有他虑，贵领事尽可放心。至杨柳湾案，鄙人时刻在念，所望贵国教士和衷商办，勿强皖民以不能担任之数。早日了结，固所愿也。

说宛委山，《吴越春秋·越王无余传》：禹伤父功不成，循江溯河，尽济甄淮。乃劳身焦思以行，七年闻乐不听，过门不入，冠挂不顾，履遗不蹑。功未及成，愁然沉思。乃按《黄帝中经历》，盖圣人所记曰：在于九州山，东南天柱，名曰宛委。赤帝左阙，其岩之巅。承以文玉，覆以磐石，其书金简，青玉为字，编以白银，皆瑑其文。禹乃东巡，登衡岳，血白马以祭，不幸所求。禹乃登山仰天而啸。因梦见赤绣衣男子，自称元夷苍水使者，闻帝使文命于斯，故来候之。非厥岁月，将告以期，无为戏吟。故倚歌覆釜之山，东顾谓禹曰：欲得我山神书者，斋于黄帝岩岳之下，三月庚子，登山发石，金简之书存矣。禹退又斋，三月庚子，登宛委山，发金简之书。按金简玉字，得通水之理。复返归岳，乘四载以行。始于霍山，回集五岳。《诗》曰：信彼南山，惟禹甸之。遂巡行四渎，与益、夔共谋。行至名山大泽，召其神而问之云云。益疏而记之，故名曰《山海经》。按宛委之山，《吴越春秋》注谓在会稽，一名玉笥。自魏晋以来，地志旧说，相沿如此。一氏所言，固越故也。然此说引《黄帝中经》，而《中经》明言东南天柱，名曰宛委。天柱在灊不在越，则《中经》所谓宛委者，亦必灊山非越山矣。禹求书于衡山，神人授书于岩岳之下，得书则返岳。治水则始于霍山，明此天柱在衡、霍山内。而宛委即灊山天柱，皖人乃自古无知之者。余谓灊有宛委，越亦有宛委。越有涂山，淮亦有涂山，皆夏后子孙，随其国土，述祖烈而名之者也。

三月初一日

晴。二月竟月阴雨，不见星月，昨廿九始见晴曦。初一晚晴，霞光照宇，胸目稍纾。天意为皖民开一线生机乎。

窦子静报：颍属山洪暴发。

初二日

晴。丙夜星光灿烂，知明日晴朗可券。作张文达诗序。

初三日

晴。晚阅杨承孝所为漕粮说。明书漕杂六项，抄录统计表，不能言其原始。因检书牍寻原，碌碌至丑初，自会典、《漕运全书》、《金谷秘册》、州县销册，编核无眉目。疲而卧，卧不能帖。近来心力衰态甚矣。

今日清理财政。第一宜定税率，为租税改良要著。未定税率以前，不可不严惯例。

从来额征，非特旨不能减免。条编变通，变通之法，独有拟征耳。

从前丁漕，大桀小桀。今日丁漕，大貅小貅。不明辨制钱铜元之分，国家间接受损，而细民仍无所属，悠悠度日，我知其罔也。

上乙庵先生官安徽时手书日记，八叶合订一册。宣统元年仅记五日，即行断手，殆因他事作辍不恒。未能如曾文正、翁文恭及越缦堂之首尾完善。然零缣断简，亦足以资考证、见性情。录而传之，安知他日与山谷《宜州家乘》同为后贤珍视耶。龙沐勋谨识。

录自《同声月刊》第 4 卷第 3 期，1945 年

《日本租税制度及实务》序 ①

亚东租税法之统系，我国与日本同出于唐，而浸久浸繁，遂不能不加整理，参欧制而变通之，前事之师，莫亲切于日本已。

宣统元年，余遣谢孝廉凤孙、孙大令荣于东京调查租税沿革，于是税务当局诸君，承大藏省命，为排日讲述，并出官牍以相示。姚君次之笔述而译传之，袠然数十万言。税务当局之热心，姚君之勤力，于我国将来财政学界，皆为有关系者，是不可不表而出之，而谢、孙二君之劳，尤足念也。

宣统元年十一月沈曾植记

录自钱仲联辑录：《沈曾植海日楼佚序（上）》，《文献》1990 年第 3 期

----

① 钱仲联先生文后按语："谢凤孙，字石钦，湖北汉川人。光绪二十八年壬寅（1902）举人。曾植弟子，其书法尤肖曾植。撰《学部尚书沈公墓志铭》。余人未详。"

历史与舆地

太史公

　　吴南英说太史公凡五条，其解天下计书先上太史公，副上丞相，谓子长官中书，今先上太史，盖先上中书耳。此说最善。然太史公卒无定解也。按《艺文志》，阴阳家有《南公》三十一篇，名家有《黄公》四篇、《毛公》九篇，彼皆称公，非以为三公也。《易》家有《蔡公》二篇。《史记》入《春秋》家，称《太史公》百三十篇，正与《南公》《毛公》《黄公》一例。即《报任少卿书》，自称太史公，亦是杨恽改之耳。

录自《护德瓶斋涉笔》

汉武前博士习何书

　　汉武帝建元五年，置五经博士。不知自此以前，博士所习何书，而秦博士又何如也？《潜研堂答问·孟子》类有一条可参。

录自《护德瓶斋涉笔》

鲁　俗

《地理志》言："鲁俗好訾毁，多巧伪，丧祭之礼，文备实寡。然其好学，犹愈于它俗。及俗既益薄，长老不自安，与幼少相让。"云云。颇与吾禾风俗为近。周、鲁之蔽，皆趋商贾而贵财。

录自《护德瓶斋涉笔》

大秦国

《河图玉版》云:《山海经》注引。"从昆仑以北九万里得龙伯国,其人长三十丈。昆仑以东得大秦国,人长十丈。从此以东十万里,得佻人国,长三十丈五尺。从此以东十万里,得中秦国,人长一丈。"向尝疑大秦之名,外国无之,不知何缘而立,读此则二字即中国。缘纬书所记而附会之。弱水、西王母正同一例。安息长老讵知是戈戈者哉?《史·大宛列传》:"天子按古图书,名河所出山曰昆仑云。"附会之意正相类。

录自《护德瓶斋涉笔》

官　评

　　古今势异，不独政令。至于官评，亦关风尚。羊欣为太守，在郡四年，以简惠称。江秉之在新安、临海，并以简约著称。宋世惟顾恺之亦以省务著绩。自余虽刑政修理，而未能简事。云伏暅在郡清恪，徐摛为政清省，唐以后无复此语矣。然窃谓《史记》所称循吏，诸公犹庶乎近之。

　　　　　　　　　　　　　　　录自《护德瓶斋涉笔》

康泰《扶南土俗》

　　康泰《扶南土俗》,《太平御览》所录,盖述南洋诸岛国第一书也。然《隋》《唐》两志皆不载此书,但有朱应《扶南异物志》一卷。应与泰,吴大帝时同使海南,岂《扶南异物志》即《扶南土俗》,一书二名,如后世《瀛涯胜览》《星槎胜览》耶?《梁书》祖此书,以叙海南诸国。余故列泰所述诸国,以隋唐以前诸史证之。

　　"优钹国者,在天竺之东南,可五千里,国土炽盛,城郭珍玩谣俗与竺同。"按:《梁书·中天竺传》:"汉和帝时,天竺数遣使贡献。西域反叛,遂绝。惟吴时,扶南王范旃遣亲人苏物使其国,从扶南发,投拘利口,循海大湾中,正西北入,历湾边数国。可一年余,到天竺江口,逆水行七千里,乃至焉。天竺王惊曰:海滨极远,犹有此人。差陈、宋等二人报旃。其时吴遣中郎康泰使扶南,及见陈、宋等,具问天竺土俗云。"《水经注》引康泰《扶南传》曰:"从迦那调洲西南入大湾,可七八百里,乃到枝扈黎大江口,度江径西行,极大秦也。"又云:"发拘利口,入大湾中,正西北入,可一年余,得天竺江口,名恒水。江口有国,号担袟,馆按:"袟"近刻作"袟"。属天竺,遣黄门字兴为担袟王。"按《梁书》投拘利口数语,略与《水经注》所引《扶南传》同。姚思廉盖写康泰书，而比郦氏尤详云。从扶南发，投拘利口，则知拘利非扶南口，即《隋书》所谓"扶南度金邻大湾，有边斗国一云班斗、都昆国一作都雅、拘利国一云九雅、比嵩国"者。金邻即拘利，拘利国盖以湾得名也。此叙吴时航路，最为明晰。自金邻以东，可与隋常骏至赤土行程相证。金邻以西，可与唐义净《南海寄归传》行程相证。古今同此航路，路旁诸国，大致可定矣。优钹国盖《法显传》之耶婆提国。此云"在天竺东南五千里"，彼云"东北趋广州"，度其地望，在苏门答拉岛上矣。

　　"横跌国，在优钹之东南。"按：此国疑即汉世黄支，六朝之呵罗单，唐初之甘棠，亦在苏门答拉岛上。

录自《辛丑札记》

骠　国

　　《寰宇记》："骠国自谓突罗，朱阇婆人谓之结里掘。"《西域记》："三摩怛吒国，东北大海滨，有宝利差呾罗国，次东南大海隅，有迦摩浪迦国，次东有堕罗钵底国，次东有伊赏那补罗国，次东有摩诃瞻波国。"迦摩浪迦音与结里掘近，疑一国也。《南海寄归传》，差呾罗作察呾罗，迦摩浪迦作郎迦戍国，瞻波作林邑国。"役属者道林王等九城。"道林疑堕罗钵底。

录自《杂札》

甲噶尔

　　《圣武记》："廓尔喀南邻东印度。甲噶尔即《明史》之榜葛剌，其都城则披楞也，一名噶里噶达。"《海国图志》："孟加腊首城曰噶里噶达。"按：即加尔各答之转音。按：此语疑误。甲噶尔在《内府》为札哈尔拉巴特，西域诸城多名巴。《瀛寰志略》作板打，盖斯丹和屯之例。核其疆域，当为中印度，非东印度也。札哈尔拉巴特在恒河之西，与阿哈拉城相近。阿哈拉即西图亚加拉，盖即莫卧尔，回部所都，足知其是中非东矣。

　　《康輶纪行》云："第里巴察第里为地名，巴察即巴扎。第里者，德列也。明人谓之迪里。见《续通典》。在甲噶尔各部落中，地土较广，所属最多。"此当为东印度。噶里噶达为第里巴察所属之大部落，自称噶里噶达，别部人称为披楞，其部长乃第里巴察所放。此又东印度之别部。地图有达噶，在班加拉（即榜葛剌）北，正与廓尔喀接界，疑即噶里噶达矣。

録自《杂札》

三佛齐国

《诸蕃志·三佛齐国》。

明之柔佛，即三佛转音。

《唐书》："室利佛誓国，一曰尸利佛誓。过军徒弄山二千里，地东西千里，南北四千里而远，有城十四，以二国分总。西曰郎婆露斯，多金汞砂龙脑，夏至立八尺表，影在表南二尺五寸。"《唐会要》："证圣元年敕，藩国使入朝，粮料各分等第。给南天竺、北天竺、大食、波斯等国使，宜给六月粮；尸利佛誓、真腊、诃陵，宜给五月粮；林邑国使，给三月粮。"又："天佑元年六月，授福建道佛齐国进奉使都番长蒲诃桑宁远将军。"尸利佛誓，《唐书·地理志》作佛逝，天佑中变书佛齐也。

录自《护德瓶斋简端录》

佛啰安国

《诸蕃志·佛啰安国》。

《佛祖统纪》："唐义净三藏于咸亨二年自番禺附舶，西至诃陵，次室利佛逝，次末罗瑜，次揭荼。北行十日，至裸人，在蜀西南徼外，男女皆裸形。西北半月行至耽摩立底，东印度海口，升舶归唐处也。正西至莫诃菩提国，即摩竭陀之那兰陀寺，有七十驿。"又云："耽摩去莫诃行十日，义住那兰陀十年，求经还至耽摩立底，升舶过揭荼，将梵本寄佛逝，作《南海寄归求法高僧传》。永昌元年回广府。至冬，复附舶至佛逝，住三年。证圣元年回洛京译经。"植按：唐世航海径途，惟此所记，可与《地理志》互相证发。末罗瑜即佛啰安，今语转为马来由者也。

蓬丰即《岛夷志略》之彭坑，登牙侬即丁家庐，今作丁机宜。

录自《护德瓶斋简端录》

南毗国

《诸蕃志》南毗国及所属。

西人谓婆罗门为墨那敏。《海国闻见录》之那马,《海录》之阿里敏,此及《朝黄典录》之南毗,皆墨那敏之声转也。蔑阿抹即孟买。此节所叙风俗物产,与《岭外代答》故临国正同。故临为网兰海西之都会,可知南毗是印度西岸国矣。

胡茶辣即今中印度之亚加拉,所谓印度圣城者。

甘琶逸即《内府地国》之刚巴亚,《图志》之干排海隅,《平圆图》之开母拜湾,在孟买西北。

弼离沙即《平圆图》之巴罗答。

麻啰华即《平圆图》之毛耳瓦。

冯牙啰即《图志》旁加罗邑,《平圆图》曰班该罗,属麻梭耳。

马拉巴尔一作拉马巴塔拉,是麻哩抹都奴也。

都奴者,马拉巴尔西境海滨市埠之丹那也。马拉巴尔即《元史》马八儿国。

何哑即峨亚,《平圆图》作果阿。

啰啰里即《元史·马八儿传》之来来。又按:啰啰见《宋史·天竺传》北啰啰。亦名伐腊毗，见《释迦方志》。准其地望，校以道里，其地当为西印度扼要之所，殆即今《厂图》康坎肯，陈《图》孔坎。黄氏《印度札记》云："康肯在孟买之南，一名鹿那乍里。首城曰勒那志里。"鹿那、勒那、来来、啰啰、罗罗，皆此一音之转也。伐腊毗又与孟买音近，则啰啰哩为鹿那乍里无疑。

　　吉啰达弄即吉兰丹。

录自《护德瓶斋简端录》

勿拔国

《诸蕃志·勿拔国》。

按此国有陆道可通大食，则当仍在阿拉伯洲。中有大山与弼琶罗隔界，则又似已在阿利加洲上。然巴白里曼德波海湾，《地理备考》属之亚洲阿拉伯。《东瀛图》亦在阿拉伯西南地角，则此所谓隔山之弼琶罗，是巴白里曼德波海湾，非指非洲巴巴里国地也。古弼琶罗，盖跨有红海西南两岸地，而阿拉伯之巴白里海湾，亦即从巴巴里国得名，审知弼琶罗所在，而后勿拔所在可定。今阿拉伯国极南边海之部曰亚达拉毛，其会城曰马来波，西与巴白里海湾、东与怯失接，其为勿拔，盖无疑已。

植按:《事林广记》录勿拔事，乳香、飞禽、大鱼、龙涎大略相同，前大食国条中，勿拔直接瓮蛮，亦无中理之目，盖抄胥误析一国为二条。当削去中理国，以为事中理为句，乃合。

录自《护德瓶斋简端录》

《诸蕃志》叙大食诸国多讹舛

　　《诸蕃志》叙大食诸国甚具，惜讹舛不甚可读，今以意测之。《西使记》之其失罗子国，疑即《诸藩志》之俱兰伽力吉，亦即唐时之岐兰国也。蒲花罗即《朔方备乘》之不花剌。芦眉国即罗马。勿斯篱者，其希腊欤？曷奴疑即《元史》之兀鲁。阿乃伊禄殆《西使记》之兀林国也。诸耶即木乃奚。大食国都之密徐篱，今无可考，意当在土耳其东土欤？凡《西使记》所称，皆波斯、大食之地。而《元史》与《记》，并不及波斯、大食一字，以《志》补之，乃得明晰，且与耶律大石击破大食，建国河中府，事情吻合。故西征之师又称征，契丹遗俗也。

　　《志》言大食都城名密徐篱，盖《唐书》夏蜡城也。北音夏、徐相近。又按：今西人有耶路撒冷，古之犹太京城，为西方古国建都之地。耶路、夏蜡，声最相近，即一地也。斯加里野国，盖今之意大里亚。《西洋朝贡典录》有亚丹国、勿斯吉国，即密昔儿也。勿读若蕃，麻霞勿可证报达。按：密昔儿即麦西，其国在天方西。

录自《杂札》

叶榆河

　　《水经注》说叶榆河，最不明白。滇南之水，大率可分为四：西为澜沧、怒江、龙川、槟榔，皆流向西南；东为盘江，流向广西；南为阿底江、把边江，流向东南；北之一泡河、龙川江、滇池及下流普渡河、车洪江，并流向北入金川江。金川江即若水，叶榆泽即今洱海，此可无疑。今叶榆河既为叶榆泽，又入若水，又注滇池，又伏流为漏江，又入盘江，又绝温水，如此则众川脉络，皆得贯通，无论滇中决无此水，且山水之势，必相依顺，滇山如壁界画，平原步道，尚必翻山乃能通路，岂水有过山之理。此之谬误，断然可知。谈地者但当墨守经文，仞叶榆为西随水，注文牟葛，置之可也。

录自《护德瓶斋涉笔》

折罗漫

　　折罗漫，一作时罗漫，译汉语当为雪山，如西藏以南之雪山，佛经名之苏迷卢，今西人谓喜马拉也。今天山尽于巴勒库尔，盖唐之折罗漫山，汉之祁连山，匈奴右贤王所依以临西域者也。然漠北亦自有天山，《后魏书·蠕蠕传》："太延四年，车驾征之，乐平王丕等出东道，永昌王健等出西道，车驾出中道；至浚稽山，分中道复为二道，陈留王崇从大泽向涿邪山，车驾从浚稽北向天山，西登白阜，刻石记行，不见蠕蠕而还。"既曰天山，兼称白阜，正与祁连之称天山亦称白山者同。然魏主所出中道，实自九原而北，传无铺张之词，此行当不甚远，此天山必非蒲类北之天山，可断然也。检《元史·亦都护传》，畏兀儿祖居和林川，地有土忽剌河、薛灵格河，有山曰天格里干答哈，译言天灵山。疑此即《魏书》所称之天山，回纥所居，故突厥庭。而突厥袭柔然之旧，三河源为漠北王气所钟，自匈奴时已居之。而《唐书》称回纥牙有郁督年山、乌德犍山，郁督年、德犍，皆与腾格相近，然则元时以后所称杭爱，《水道提纲》谓其发脉阿尔泰，自唐以前，仍以为天山东迤之正干也。

录自《杂札》

西域图考

　　沈子培先生，博极群书，熟谙辽金元史学奥地。就此篇《西域图考》而论，足觇其用力之勤也。

——原编者识①

　　俞氏浩《西域考古录》云："八达克山部落，南有水出雅尔塔尔"至"据此则八达克山以南自有水，但不知从伊西洱库尔来否耳"。

　　俞氏所言，全与胡文忠地图合，地名亦同。盖本内府舆图言之。胡地图无名，内府图当亦无名，故俞氏亦不言其名。其实疑即阿母河非别一水也。

　　裴松之《魏志》注《西戎传》云："大秦别枝封小国曰泽散。"

　　泽散即西治里岛。

　　"乃封陕巴为忠顺王。"

　　陕巴即胆巴奇转。疑忠顺旧裔所奉犹佛教也，以意揆之，此时搙攘，大抵是回教、佛教之争。比米儿马黑木得之，遂为回教矣。

注："《宋史》高昌王兼有北地。"

《宋史》高昌所统，有南突厥、北突厥、大众熨、小众熨、样磨、割禄、黠戛司、末蛮、格哆族、预龙族。又高昌有大藏经多佛寺，复有磨尼寺，波斯僧各持其法。按割禄即葛罗禄，众熨，即高居海《使于阗记》所言沙州西曰仲雲族也。仲雲处沙碛之中，当今噶顺诸程，实即处月朱邪音转耳。处月朱邪义见郎绎铸《双溪集》。末蛮末字，当是朱邪之讹，即处密也。

"《元史》已有回回军，《明史·哈密传》亦有回回种。"

由此推之，西域久已布居。西洋举游牧诸国统谓鞑鞑里。以北狄入西域，始于铁勒也。后遂并蒙古铁勒之元人，举西域诸国，统谓之回回。以太祖通西域，始于回纥也。后遂再并突厥以及大食，而回纥之既知其实之分，亦当知其名之所由合，斯善读书者矣。王延昌记高昌用开皇七年历，是高昌宋初已宗回教之证。

"而实则衍传于派罕，非留种于花门。"

此之语，当改曰"俗渐于派罕，种实衍于花门"。

"畏兀儿，本吐谷浑和贵之裔。"

此缪说，不足信。

注："是时未有回纥，所云尚金莲公主不见于史"至"此论发于俞浩《西域考古录》，足正《元史》之缪"。

此说不知所本，至不足据。据辽大石西行所经历，已有畏吾儿国，是畏吾立国在西辽前。安得谓西辽始封诸交河乎？《元史·亦都护传》本其子孙自述世系，正如今之《蒙古源流》，虽年历参差、名称改易，证之《唐书》，皆有可寻。谓唐无下嫁回鹘之金莲公主，独有嫁吐蕃之金莲公主乎？且传中地名秃忽剌薛灵哥云云，亦非可臆造者也。兹说之起，盖亦有由。畏吾不见于辽初甘州，回鹘不见于辽末。疑畏吾之亦都护，即甘州之可汗，取河西为所逐而至哈密。亦都护即叶护。后世传述，以其迁自瓜、沙，遂谓吐蕃之裔。俞氏又附之吐浑之素和贵，弥近似弥失真矣。

"寻征阿昔兰子入侍，并北廷及哈密境，统为畏兀国。"

此何所据？

"龟兹之见于史者，通称回鹘。不知仍白氏后否也。"

《宋史》龟兹本回鹘别种。或称西州回鹘，或称西州龟兹，或称龟兹回鹘。是宋之龟兹，非白氏后矣。其国主称师子王，又与于阗同。

注："《铁连传》"至"然必诣拔都蒙哥铁木王所与之计事覆行"。

拔都大王、忙哥帖木儿王，皆术赤子。见表。牙忽都又称拔都罕裔首已附顺，则术赤之后世载忠顺以为北方藩蔽，有功元室大矣。

"寻复败之于斡欢河。"

《玉哇失传》："失吉等叛，从北平王讨之，至斡耳罕河无舟，跃马涉流而渡，俘获甚众。"即此战。斡耳罕，即斡鲁欢，今鄂尔坤也。

注：《伯答儿传》云："十五年至伯牙之地。"

《双溪集·骑吹曲辞》："前骑传声过白霞，后军犹未过乌沙。"白霞，即伯牙也。

"盖八答黑商，实兼布哈尔之噶斯尼地。"

不知何据？

"康居今哈萨克右中部右西部地。"

钦察为康里种，即康居对音，于古无相当者，岂即康居耶？康居，魏以后但称康则，里是余音，如鞑靼之称鞑靼里也。

"《异域录》：元至正间，其酋依番瓦什里鱼赤惜费耶即芬兰兵。自征其族，取俄罗斯之那尔雅城，始立为汗。"

　　《海国图志》所称伊万王，即依番二字对音。《瀛环志略》折为二人，则误矣。西费耶，《异域录》作西费耶忒，即瑞典也。于古盖即粟特伊万起兵。《异域录》以为元末，《万国全图集》同，《海国图志》以为明宏治十三年，疑误也。

　　"得喀山即高加索山东境诸国。"

　　喀山为加匽俄地，其东境地，则托波儿伊聂谢诸部也，《异域录》可证。

录自沈曾植:《护德瓶斋简端录（一）》，

《青鹤》第 4 卷第 2 期，1935 年

哲学与宗教

柔　　道

柔道阴行。柔道，儒道也。周家尊儒，盖文王以儒道取天下。

录自《护德瓶斋涉笔》

象山从宇宙二字悟道

　　象山从宇宙二字悟道，所悟之道，其太极乎？极似华严法界观。故谓东西古今之圣人，此心此理皆同，而更不容有无极二字加乎其上。所谓大世界，所谓塞乎天地，所谓昭事上帝之此理，所谓知及之是及此，仁守之是守此，时习是习此，说是说此，乐是乐此，皆指自己悟境言之。其徒谓之尊德性，固亦不差。若象山自言，则直谓之无头柄底说话。复斋则谓之不传之旨，世无此学，难以语人者也。《语录》中极可著眼处，曰："夫子说吾十有五而志于学，今千百年无一人有志，也怪他不得。志个甚底？须是有智识，然后有志愿。"又曰："人如何便解有志，须现有智识始得。"又曰："人为学甚难，天覆地载，春生夏长，秋肃冬藏，俱是此理。人居其间，若无灵识，如何解得。"曰智识，曰灵识，象山自言其得力如此。所谓格物者格此，所谓学问得其纲亦是此。又云："此理在宇宙间，何尝有所碍，是你自蒙蔽，自沉埋，阴阴地在个陷阱中，更不知所谓高远底。要决裂破陷阱，窥测破罗网。"又云："激励奋迅，决破罗网。"又云："宇宙不曾限隔人，人自限隔宇宙。"象山胸中宇宙，真有万物皆备于我境相。决破罗网，所以去限隔，而非窥测破不能决破。窥测破者，即所谓智识，所谓灵识，无头柄之头柄，格物之本，伏羲仰观俯察，先于尽力于此者也。处处提一此字，却终不指实，此的是宗门作用。说破时，与朱子"一旦贯通，众物之表里精粗无不到，而吾心全体大用无不明"何异。象山终不肯说物字，由今日言之，可谓之儒家之唯心论者矣。象山却又不肯析理事为二，如《语录》云："此理塞宇宙，所谓道外无事，事外无道。舍此而别有商量，别有规模，别有行业，别有事功，则与道不相干，则是异端，则是利欲，谓之陷溺，谓之旧窠，说只是邪说，见只是邪见。"其言甚厉。又云："居天下之广居，须要去逐外著，一事印一说，方有精神。"又云："凡事莫如此滞滞泥泥，某平生有长，都不去著他事，每理会一事时，血脉骨髓，都在自家手中。然我此中，却似个闲闲散散底全不理会事的人，不陷事中。"又云："复斋家兄一日见问云：'吾弟今在何处做工夫？'某答云：'在人情事势物理上做些工夫。'复斋应而已。若知物价之低昂，与夫辨物之美恶真伪，则吾不可谓之不能。然吾之所谓做工夫，非此之谓也。"此段语甚奇特。所谓做工夫者，岂非欲于人情事势物理上，用些灵识，窥破罗网乎？其知荆门，吏白太守下车故事，皆不听。曰：安用是。即是此手段。其兄弟皆自命平治天下，当今之世，舍我其谁。而复斋有言：道者正，权者用。权之所在，即道之所在，又焉有不正者。极其言，遂至"夷、齐不见理，武、周见理"之论，皆于人情事势上窥破罗网者也。梭山考古经国之制，立居家之法，复斋治乡兵，使象山得位，事业未必后于阳明也。

录自《月爱老人客话》

天然一念现前

高忠宪言："天然一念现前，能为万变主宰。"倭文端辨之。愚谓天然一念现前，即静中养出端倪之意。自得之后，实有此一段境象。无恶于志，而能增长志气。不可以其文句之直率，轻议之也。文言之，即《礼记》所谓"清明在躬，志气如神"，又得并《礼记》讥之乎。居敬而端倪未充，必有促数刻急之害；穷理而不知先立其大者，则小处起义，偏处立见，其为生心害事之病深矣。

录自《潜究室札记》

儒门刻急

　　儒门淡薄，容不得豪杰。此宋时某师之言也。今日儒门一味刻急，吾恐天下豪杰，将有望望然去之患也。

　　止为儒者不能摆脱世缘，故风俗愈恶薄，儒者亦愈刻急。

录自《潜究室札记》

心

　　佛家析心为六、七、八三识，道家析心为精、气、神三宝，儒家止以一心字括之。

录自《月爱老人客话》

欧阳笔说

　　欧阳文忠《笔说》曰:"贫贱常思富贵,富贵必履危机,此古人之所叹也。惟不思而得,既得而不尽失者,其庶几乎。"

　　　　　　　　　　　　　　　　　　　　录自《潜究室札记》

水心精语

　　《水心别集》多精语。《士论》上。"夫所谓迂阔者，言利则必曰与民，言刑则必曰措刑，言兵则必曰寝兵，言当世则必曰唐、虞、三代，而簿书狱讼不如礼乐，台省府寺不如学校，其措于事，诚若漫然不足效者。虽然，疑其迂者，自为行必疾，议其阔者，自为涂必隘，左侵右逼，将无地以自容而不知也。"

录自《潜究室札记》

《舍利弗问经》与《宗轮论》
叙诸部分离始末互异

　　《舍利弗问经》附东晋录，失译人名。《至元法宝标目》，蕃本勘同。此经，发明律义，开遮缘起。经首，叙诸部分异，与《宗轮论》又不同。首称："佛言，我寻泥洹。大迦叶为众依止，如我不异。迦叶付阿难，次末田地日中，次舍那婆麻私，次优婆笈多。优婆笈多后，有孔雀输柯王，其孙名曰弗沙密多罗，坏塔杀僧，自亡其国。弥勒菩萨前以神力接我经上兜率天，其后有王性甚良善，弥勒化作五百童，下于人间，以求佛道。从先登南山获兔之五百罗汉，谘受法教。国中男女，还复出家。罗汉上天，接取经律，还于人间。时有比邱，名曰总闻。谘诸罗汉及与国王，分我经律。多立台馆，为求学来难。时有一长老比邱，好于名闻。然立净论，抄治我律。开张增广迦叶所结，名曰大众律。外采综所遗，诳诸始学。别为群党，互言是非。王欲判决，行黑白筹，宣令众曰：若乐旧律，可取黑筹；若乐新律，可取白筹。时取黑者，乃有万数；时取白者，止有百数。王以皆为佛说，好乐不同，不得共住。学旧者多，从以为名，为摩诃僧祇也。学新者少，而是上座，从上座为名，为他俾罗也。他俾罗部，我去世后三百年中，又因诤故，复起萨婆多部及犊子部。于犊子部复生昙摩尉多别迦部、跋陀罗耶尼部、沙弥帝部、沙那利迦部。其萨婆多部，复生弥沙塞部。目犍罗优婆提舍，起昙摩屈多迦部即前法护部。称目连弟子事，故云目犍罗优婆提昙摩屈多迦，以别上之昙摩尉多别迦、苏婆师利部即后记苏跋梨沙柯第。彼谓一名柯尸悲，与迦叶惟为一部。他俾罗部，复生迦叶惟部。修多兰婆提那部即说经部。后记之修丹兰多婆拖，四百年中，更生僧伽兰提迦部即后记之僧干阗底婆拖。彼以为修丹阗多婆拖之一名。摩诃僧祇部，我灭度后二百年中，因于异论，生鞞婆诃罗部一说部，后记曰猗柯毗与婆诃利柯、卢迦尉多罗部说出世部，后记曰卢俱多罗婆拖、拘拘罗部鸡胤部，后记曰高俱梨柯、婆收娄多柯部多闻部，后记曰婆吼输底柯。钵腊若帝婆耶那部说假部，后记曰婆罗若底婆拖。三百年中，因诸异学，于此五部，复生摩诃提婆部、质多罗部、末多利部大天三部，质多罗，即后记支底与世罗。末多利，即郁多罗世罗。世罗，梵语山也。如是众多，久后流传。若是，若非，惟余五部。各举所长，名其服色。摩诃僧祇部，勤学众经，宣讲真义，以处本居中，应着黄衣。昙无屈多迦部，通达理味，开导利益，表发殊胜，应着赤衣。萨婆多部，博通敏达，以导法化，应着皂衣。迦叶惟部，精进勇猛，摄护众生，应着木兰衣。弥沙塞部，禅思入微，究畅幽密，应着青衣。舍利弗问：如来正法，分散如是，即失本味，如何奉持？佛言：摩诃僧祇，其味纯正。其余诸部，如被添甘露。诸天但饮甘露，弃于水去。人间饮之，水露俱进，或时销疾，或时结病。其读诵者，亦复如是。多智慧人，能取能舍。诸愚痴人，不能分别"云云。按：此叙十八部分离始末，其与《宗轮》异者，彼谓大众、上座之分，在无忧王世，此则在无忧王孙弗沙密多罗灭法后之主重兴佛法之时。彼前后有二大天，此经惟有后

大天，无前大天。而所言"有一长老比邱，好于名闻，然立净论，抄
治我律，开张增广"，似是隐指第一大天，又似指反对大天上座。其
最异之点，则乐旧律而取黑筹者为大众部，乐新律而取白筹者为上座
部。若是，则大众乃旧学，上座乃新学。与《宗轮》以大众为龙象边
鄙众，上座为多闻大德众，翻其反而。《雅》《郑》倒置，南北易位
矣。论部以萨婆多部为大宗，律部以摩诃僧祇为根本。追溯本起，宜
有不同。然据此以推，亦足以证《宗轮疏》对于大众半面之词，加诬
过实。执两用中，是在智者矣。

录自《东轩手鉴》

上座大众之分西域所传有三说

　　婆师婆之大众部。真谛三藏《部执疏》云："迦叶令阿难诵《四阿含》集为经藏。令富楼那诵《阿毗昙》名对法藏。令优波离诵《毗奈耶》名为律藏。此时，乃有无量比邱欲来听法，迦叶不许，令往界外，各自如法诵《出三藏》。有阿罗汉，念佛法恩，念众生苦，恒自垂泪。故名婆师婆，为大众主，教授诸人。一、由羯磨讫，不听后来入众，恐破羯磨，得偷兰遮罪。二、由不令众杂，惟五百人，共大迦叶，能相领解，余则不尔，故不听入众。虽有二处，各自结集。情见未分，犹同理解。夏时既毕，法事又周。阿阇世王营办衣钵，以儭圣众。界外之众，其数既多，故时号为大众也，界内之众，迦叶上首。世尊自说迦叶为上座。佛灭之后，为弟子依，故时皆号上座也。"以上，慈恩《大乘法苑义林章》引。真谛译《俱舍论》《部执异论》，皆自译自疏。惜其疏皆不传，独《义林章》，犹屡引之，然则上座大众之分，西域所传，盖有三说。真谛师说，婆师婆界外结集，与迦叶第一结集同时。当阿阇世王世，年代最先。《宗轮记》，大天净议，在灭后百年，阿育王世，年代次之。《舍利弗问经》，长老总闻在阿育王弗沙密多罗后王复兴佛法之世，年代最后。《舍利弗问经》是律家之说。真谛疏言，慈恩谓是萨婆多部义。特不知《宗轮》是何部师说耳。

录自《东轩手鉴》

成实师说性

"久修集心，则名为性。"《成实论》第六《喜品》。

按此则成实师所说性，明是儒家之习。

录自《杂记》

《俱舍》《成实》述上座义

　　《俱舍》述有部，而密明经部。是以上座后义广上座前义。《成实》亦出萨婆多宗，而所简诸部长义，或云昙无德，或云化地，或云经部，亦皆上座枝别。真谓《成实》诸义，即从多闻部出。则又兼涉大众矣。

录自《札记》

牛口比丘

异部年代，尽四百年初。五百年而马鸣出世，大乘以彰。据《摩耶经》，"如来正法五百年。第一百年，优婆掘多说法教化。次二百年，尸罗难陀比丘说法教化。次三百年，青莲花眼比丘说法教化。次四百年，牛口比丘演说法要。第五百年，宝天比丘说法度人梵曰揭洛婆，亦曰勒那。正法便灭。六百年间，马鸣比丘，摧伏外道。七百年间，有一比丘名曰龙树"云云。此牛口比丘，颇疑即是犊子部主。故自优婆掘多以后诸师，与萨婆多无一同者罗睺罗跋陀罗、婆须跋陀罗。

录自《札记》

上座诸部各有传承

　　上座诸部，各有传承。雪山弘经。一切有弘对法，皆传承迦叶本支七叶岩中，二部结集，饮光为上座。犊子，从一切有出，弘舍利弗所说。流出四部，法上、贤胄、正量、密林山，皆释舍利弗阿毗达摩而生异议者也。化地从一切有出，别无依主，亦当属迦叶本支。法藏从化地出，自称我袭采菽氏大目乾连师此师说总有五藏。一、经，二、律，三、阿毗达摩，四、咒，五、菩萨。饮光从一切有出，自称迦叶。为简旧说。非迦叶意可知。经量，自称我以庆喜为师。是仍以宏经，用救对法之靡也。

录自《札记》

上座部分二部

　　《异部宗轮论》："三百年初，有少乖诤。分为二部。"《述记》："上座，本弘经藏，以为上首。以律对法，为后弘宣。非不弘宣律及对法也，不以为首耳。三百年，迦多衍尼子出世，于上座部出家。先弘对法，后弘经律，既乖上座本旨，所以斗诤纷纭，遂分两部，而一切有出。"据迦多衍尼子以先弘对法，分一切有。犊子，是律主姓。其分部，必先弘律可知。又《述记》释上座一味和合云："此部根本，迦叶住持，后有近执优波离、满慈富楼那，具云布剌拏梅呾丽曳尼、庆喜，助扬其化。圣者相继。所以二百年前，殊无异诤。"又《述记》："迦叶为上座，满慈富楼那说法第一结集阿毗达摩。近执优波罗持戒第一结集毗尼耶。庆喜结集素怛罗据《出三藏记集》萨婆多部记传法诸师，马鸣、龙树，均在一切有部。《付法藏传》亦然。《传灯录》二十三祖以上，与《付法藏》同。则达摩禅法，亦出一切有也。其大众分部，多闻为祀皮衣仙人。二百年时，出定雪山，为大众更弘深义说假部，为大迦㧖延迦多衍尼子。二百年时，从无热池出，至大众部，于三藏教，明此是如来假名而说，此是实义而说。"两部主迹涉神奇，已开弥勒瑜伽之渐小乘无化身说法，故皆以出定为辞。大天三部，多闻博学，别自一家。鸡胤一部，

惟宏对法，不宏经律，则亦与一切有部风气相近。《述记》谓此部多
闻精进，速得出离。

录自《札记》

小乘旧说以七纪数

法没时七秽行：一、百岁持戒，为恶所破为恶知识所破。二、久行慈心，为嗔所坏。三、薄贱，不随师教不修威仪，耽习下流。四、互净胜负人我妄兴。五、斗乱彼此惟知构造其非，不解宏持其教。六、贪著利养。七、凡圣皆遭毁辱既辱其徒，何有其教，是为法将灭之征。上见《出曜经》。又劫末之相，有七日轮出，火灾将起之说。《仁王护国》有七灾难之说。一、日月失度难。二、星宿失度难。三、灾火难。四、雨水变异难。五、恶风难。六、亢阳难。七、恶贼难。凡诸以七纪数者，大都小乘旧说。小乘有法灭，大乘无法灭也再详。

录自《东轩手鉴》

小乘法中有三藏教

《中论疏》六二百三十七："小乘法中有三藏教。正量部，偏宏于律。上座部，偏宏经。佛灭后二百年代，由上座部出萨婆多部，偏宏毗昙。毗昙是真实法。佛灭后三百五十年，迦旃延解佛毗昙，作《八犍度》。六百年，释《八犍度》，造《毗婆沙》。七百年为《毗婆沙》太广，故法胜造毗昙。为法胜太略，千年之间，达摩造于《杂心》，故毗昙盛行。问：此部何故盛行？答：此明三世是有，见有得道，与凡夫心相应，故世多信之。又时数应尔。前五百年，多说无相法；后五百年，多说有相法；故有正、像二时。今是像法，故多学毗昙有相法也。问：此部立四缘，有几义？答：有二义。一者，执小乘生，拨大乘无生。无生无生，非佛说，是调达作。余亲闻彼僧云：大乘方等经，是龙树道人作，故不信也。"

录自《东轩手鉴》

大众部所引经典

　　麟《记》：“真谛云：大众部，住央掘多罗国，在王舍城北。此部，宏《华严》《涅槃》《胜鬘》《维摩》《金光明》等经。”《俱舍论疏》一、廿前。“大众部因摩诃提婆移住鸯崛多罗国。此国在王舍城北。此部将《华严》《般若》等经，杂三藏中说之。时人有信者，有不信者，故成二部。不信者言：惟阿难三师等所说三藏，此则可信。自三藏外，诸大乘经，皆不可信。复有信大乘者，有三因缘：一者，尔时犹有亲闻佛说大乘法，是故可信。二者，自思量道理，应有大乘，是故可信。三者，信其师说，是故可信”云云《三论玄义》百八十二。“摩诃提婆取诸大乘经，内三藏中释之。诸阿罗汉结集法藏时，已简除此义。而大众部用此义，上座部不用之，以此生净。”同上按：结集法藏，简除大乘，即《增一序品》义。

录自《东轩手鉴》

大众部大乘义

大众部所执，佛以一音说一切法。世尊所说"无不如义，如来色身实无边际，如来威力亦无边际，诸佛寿量亦无边际"云云，一切菩萨云云，皆大乘义也。一说部执，生死，涅槃，皆是假名，亦为由小入大之渐。《三论玄义》叙多闻部源流云："二百年中，由大众部，复出一部，名多闻部。佛在世时，有仙人值佛，得罗汉，恒随佛往他方及天上听法。佛涅槃时，其人不见，在雪山坐禅。及佛灭度二百年中，从雪山出。觅诸同行，见大众部宏浅义，不知深法。其人具足诵浅深义。深义中，有大乘义。《成实论》即从此出。时人中有信其所说者，故别成一部，名多闻部。"愚按：大众、上座之分，其初或斠然画一。及后，积人积世，末师采涉，盖已浸有沟通。灰山住部执，毗昙是实教，经律是权说。与上座一切有部义何殊。正地部，取韦陀好语，庄严佛经。法护部师，本是目连弟子，得罗汉果，恒随目连往色界中兜率是色界天。有所说法，皆能诵持。自撰为五藏。三藏如常。四、呪藏。五、菩萨藏。此又明背上座简大乘除菩萨藏初旨，与大众不异。纷纭交道，未可意量隐心度之。疑上座惟萨婆多坚持初旨，大众惟多闻部能宏初旨耳。《成实论》从多闻部出，此盖萨婆多家排斥之言。故《诃梨跋摩传》不入《萨婆多记》中，而奘师西游所见诸师，亦无言及《成实》者。又因此知梁代光宅、开善、庄严三师，判《成实》为大乘，其说自有宗承，未可懑置不论也。

录自《东轩手鉴》

《成实》《俱舍》皆经部义

陈慧恺《俱舍释论序》云："十八部师，及弟子，并各造论，解其所执。于一部中，多有诸论。此土先译萨婆多部，止有《毗婆沙》及《杂心》四卷。《毗婆沙》明义虽广，而文句来不具足。《杂心》说乃处中，止述自部宗致。四卷过存省略，旨趣难可寻求。此土先译经部，止有《成实》一论。《成实》乃以经部驳斥余师，其间所用，或同余部。破立之中，未尽其妙。且传译参差，难可具述。此论本宗，是萨婆多部。其中取舍，以经部为定。博宗群籍，妙拔众师。天竺称为聪明论。于大小乘学，悉以是为本。"云云。此序，意崇经部。以《成实》《俱舍》，取舍同途。真谛论宗，推兹可见。《成实》，梁世三师判为大乘。《俱舍》，天竺大小同用。亦论家所不可不知者也。

录自《东轩手鉴》

马鸣与婆须密迦旃延子之关系

《俱舍论疏》（一）："佛灭度四百年初，犍驮罗国迦腻吒迦王依胁尊者言，结集有部三藏于迦湿弥罗国。礼世友为上座。于是五百圣众，初集十万颂。释素怛缆藏。次造十万颂，释阿毗达摩藏。即《大毗婆沙》是也。世友商榷，马鸣染翰，备释三藏，悬诸千古，刻石立誓，不传外国。"云云。《婆薮盘豆传》云真谛译，藏九、百十七："佛灭度后五百年中，有阿罗汉迦旃延子，在罽宾国，与五百罗汉撰集萨婆多部阿毗达摩，制为《八伽兰他》，即此间云《八乾度》。伽兰他义为结，谓义类各相结属。亦称此文为《发慧论》。以神通力及愿力，广宣告远近，若先闻佛说阿毗达摩者，皆悉送来。于是若人、若天、若龙、若夜叉，乃至阿迦尼师吒诸天，有先闻佛说阿毗达摩，若略、若广、一句、一偈，悉送与之。迦旃延及诸阿罗汉，共诸菩萨，造为八结。复欲造《毗婆沙》释之。马鸣通《八分毗伽罗论》及《四皮陀六论》，解十八部三藏文字。学府允仪所归。迦旃延子请至罽宾，与诸阿罗汉及诸菩萨，即共研辨。义意既定，马鸣随即著文。经十二年，造《毗婆沙》方竟。"愚前所论，小乘部中有大乘义，十八部末宗已发其机。此迦色腻吒第三结，虽世友与迦旃延子均为小乘论师，而百阿罗汉五百菩萨同集论撰，已具大小部众。而染翰著文，均以马鸣为主。北方大乘，其机已熟。故《萨婆多部记》，马鸣菩萨次胁尊者后，为第十一师。而经量部，亦出于四百年初。同在此时，其义与大乘相应，未必非马鸣之影响也。

录自《东轩手鉴》

佛在世时已有朋党

　　"默听评论"《根本萨婆多部律摄》七十六，"不与欲，默然起去"七十七。"二学处。一因佛在室罗筏城给孤独园时，十七众欲得作舍四置法，有所论说。六群比邱便往屏默然而听，制斯学处。一因十七众既被六众分离朋党，心生不忍，便与邬波难陀作舍置羯磨。难陀自惟无力，恐被治罚，遂置毛毯坐上，默然而出。制斯学处"同上，六十八。是则佛在世时，已有十七众与六群之朋党。大众、上座之分，兆于此矣。

目连涅槃

《鼻奈耶》卷二寒九，五十三后："佛世尊在祇树给孤独园。尔时尊者目犍连，为执杖梵志手所执杖，似人头所打，如压竹筒，乃命尽。马师、弗那跋马师亦日马宿，弗那跋亦日满宿六群。见《十住毗婆沙论》。二人，闻其师为人所杀，嗔恚炽盛，毛衣尽竖。以大力士力，尽取执杖梵志杀之。因此二事，为诸沙门结戒。若比邱自手杀人，教他杀者，波罗移不受。"《增一阿含·四意断品》中，亦载此事，较律为详。《四意断品》云："闻如是，一时佛在舍卫国祇树给孤独园，与大比邱众五百人俱。尔时世尊欲至罗阅城夏坐，舍利弗亦欲至罗阅城夏坐，千二百五十弟子皆欲至罗阅城夏坐。然舍利弗、目犍连夏坐竟，当取涅槃。诸过去当来今现在诸佛上足弟子先取涅槃，然后佛取涅槃。又最后弟子，亦先取涅槃，然后世尊不久当取灭度。时舍利弗语诸比邱，何等是四辨才我得证者？所谓义辨、法辨、应辨、自辨，自辨，宋、明藏作捷疾辨。我今当广分别其义。四部之众，有狐疑者，我今现在，可问我义，我今当说。若复诸贤于四禅有狐疑者，于四等心有狐疑者，于四意断有狐疑者，可问我义，我今当说。四神足、四意止、四证，有狐疑者，我当说之。后勿有悔。是时，尊者大目犍连到时，着衣持钵，欲入罗阅城中乞食。是时执杖梵志，遥见目连来，各各相谓曰，此是沙门瞿昙弟子，无有出此人上。我等尽共围已，而取打杀。是时执杖梵志，便共围捉。各以瓦石打杀，而便舍去。身体无处不痛，骨肉烂尽，酷痛苦恼，不可称计。是时大目犍连而作是念，此诸梵志打我舍去，我今无处不痛，又无气力，我今可以神足还至精舍。即以神足还至精舍，到舍利弗所，在一面坐。语舍利弗，此执杖梵志围我取打，骨肉烂尽，身体疼痛，实不可堪。我今欲取涅槃，故来辞汝。舍利弗言，世尊弟子，神足第一，有大威力，何不以神足而避乎？目连报言，我本所造，极为深重。要索受报，终不可避，非是空中而受此报。然我今日，身患痛疼，故来辞汝，取般涅槃。时舍利弗语目连言，汝今小停，我当先取灭度。舍利弗即往白佛，出于竹园，渐渐乞食。往于摩搜国本生之处，示疾涅槃。大目犍连闻舍利弗灭度，即以神足至世尊所，白世尊曰，舍利弗比邱，今已灭度。我今辞世尊，欲取灭度。世尊不对。如是三白，亦复默然。目连礼世尊足，便退而去。出罗阅城，往本生处，到摩搜村，身抱重患，现诸神变，而取涅槃。"云云。此经叙舍利弗、目犍连先佛涅槃情事，委曲周详。师弟语商，显然在目。目连身色已坏，神足游行，而化病身，阇维舍利，诸天散花尸上，一切与诸圣不殊。初寻文句，若有牴牾。究极旨归，则圣道之不可思议，业报之一定不移，双立并存，无碍无碍，乃正于此见之。迹寄本存，良资默契耳。

录自《东轩手鉴》

《大集经》说五部

　　《大集经·虚空目分》第十之一《初声闻品》云："憍陈如，如来了知众生诸根利钝，亦知一切众生心性诸烦恼性，是名如来随应而为说法，随诸烦恼，宣说对治，是故得名萨婆若智。憍陈如，我涅槃后，我诸弟子受持如来十二部经，书写读诵，颠倒解说，以倒解说，覆隐法藏，以覆法故，名昙摩毱多。憍陈如，我涅槃后，我诸弟子受持如来十二部经，读诵书写，而复诵读书说外典，受有三世及以内外破坏外道，善解论议，说一切性，皆得受戒，凡所问难，皆能答问，是故名为萨婆帝婆。憍陈如，我涅槃后，我诸弟子受持如来十二部经，书写读说，说无有我，及以受者，转诸烦恼，犹如死尸，是故名为迦叶毗部。憍陈如，我涅槃后，我诸弟子受持如来十二部经，读诵书写，不作地相水火风相虚空识相，是故名为弥沙塞部。憍陈如，我涅槃后，我诸弟子受持如来十二部经，书写读诵，皆说有我，不说空相，犹如小儿，是故名为婆蹉富罗。憍陈如，我涅槃后，我诸弟子受持如来十二部经，读诵书写，广博遍览五部经籍，是故名为摩诃僧祇。憍陈如，如是五部，虽各别异，而皆不妨诸佛法界及大涅槃。"按：此所言五部，正与律分五部相同。语意侧重僧祇。又与《诃梨跋摩传》文相应。此是中天大乘家言，对于小乘五部之评判，与北天小乘侧重一切有部者不同。与师子洲屏斥大众《南海寄归传》，风尚亦异也。《诃梨跋摩传》："跋摩从萨婆多部出家，读《阿毗昙论》后，知五部流荡。闻有僧祇部僧，往巴连弗邑，并尊奉大乘，云五部之本，慨然要以同止，研心方等，锐意九部。采访微言，造《成实论》。博引众流之谈，以检经典。澄汰五部，商略异端。考核《迦旃延》，斥其偏谬。"云云。传语抑扬，特与《大集》相应。此所言五部宗义，与《宗轮记》繁简不同，而义资相发。

录自《东轩手鉴》

开小成大

　　《阅藏知津》，于天亲菩萨所造《遗教经论》下，述曰："此经，本是小机所见，属《阿含》部。而天亲以七分解释，建立菩萨所修行法，则是开小成大。"按：瑜伽宗、唯识宗所谓法相，本皆出自《阿毗达摩》。上座部正宗一切有部之传，承《阿毗达摩》《六足》为小机。而瑜伽、唯识，为大乘菩萨观行要典。无著、天亲二菩萨一生事业，固无往而非开小为大也。《智度论》缘起十："复次，佛欲以异法门说四念处，异法门说五众。"是龙树之开小为大，亦即大乘之本旨也。

录自《东轩手鉴》

佛理与庄子相通

　　"诸有此见，风不吹，河不流，火不然，乳不注，胎不孕，日月不出不没，染净自性住不增不减。此边执见，常见摄，见苦所断。"《阿毗达摩发智论》二十按此即《庄子》"飞鸟之影未尝动也"之意。

录自《杂记》

小乘言空处色处

　　无色界四天：一、空处；二、识处。空，即空宗之空；识，即唯识论之识也。小乘极深研几，影响于大乘者不少。于是知以拜菩萨、诵大乘经，为大小二乘之别，为达观通论也。

录自《杂记》

《阿毗昙心论》与《杂心》造作年代

"如来泥洹后，于秦、汉之间，有尊者法胜，造《阿毗昙心论》。罗什《龙树传》云："去此世以来，至今始过百年。"后至晋中兴之世，复有尊者达摩多罗，更增三百五十偈，以为十一品，号曰《杂心》。"宋焦镜法师《后出杂心序》。依周穆壬申，秦、汉之间为七百年后，晋中兴为千二百年后。依《点记》，则秦、汉之间三百年，晋中兴为八百年。

录自《杂记》

法相应机隘于法性

　　以胜义谛，破增上慢，是《解深密经》初品宗义。提婆破外道，世亲破本宗。法相应机，隘于法性矣。

录自《札记》

无著、天亲之大乘五部经论

　　无著、天亲之大乘五部经论。《华严》部则天亲有《十地经论》。《方等》部则天亲有《宝髻经四法优波提舍》即《大集经》第十分《无量寿经优波提舍》《文殊师利菩萨问菩提经论》。《般若》则无著有《金刚般若波罗蜜经论》，天亲有《能断金刚般若波罗蜜多经论颂》《金刚般若波罗蜜经论》。《法华》则天亲有《妙法莲华经优波提舍》。《涅槃》则天亲有《大般涅槃经论》《涅槃经本有今无偈论》。大乘五部经典、弥勒宗皆有论释。法海寻源，依论穷经，可谓完备。惜后世尚无能发挥诸论宗纲，施设法门者。无著、天亲之学，蔽于唯识十师。慈恩后嗣不能免不能纪远乃纪于近之憾也。

录自《东轩手鉴》

昙迁所寻《唯识论》

"北齐昙迁，研精《华严》《十地》《维摩》《楞伽》《地持》《起信》，咸究渊源。尝寻《唯识论》，感心热病，夜梦月落入怀，擘而食之。觉罢乃愈。周废佛法，逃迹江南，因至桂州蒋君之宅。获《摄大乘论》以为合如意珠。虽先讲唯识，薄究通宗。至于思构幽微，有所流滞。今大部斯洞，文旨宛然"云云。上见《续高僧传》第十八习禅三。昙迁在北，所寻《唯识论》，当是后魏时瞿昙流支所译，尚在真谛译本以前。《摄大乘本论》，有魏佛陀扇多、陈真谛两本。迁南度，得桂州本，则必真谛本矣。愚尝劝相宗学者，以《摄大乘》权衡《识论》。观迁师论，自幸不迷。又宇内大通，京室诸僧以《摄论》初辟，请即为敷宏，受业千数。《真谛传》所言，有大国，大根性人，能宏斯论。岂斯人乎？迁撰《楞伽》《起信》《唯识》《如实》等疏，《九识》《四明》等章，《华严明难品玄解》，总二十余卷。《法灭尽经》《首楞严经》《般舟三昧》先灭化去。十二部经，寻复化去。是则禅法先亡，经论遂灭。寻其先后，可知轻重。

录自《札记》

《杂集论》释《阿毗达摩经》

　　《杂集论述记》:"此大乘等,本佛经称。彼,是所集;此,是能集。又何故此论不但名集,复标大乘阿毗达摩?由此说彼经义,离举经名,则不了知。"准此言,《杂集论》亦释《阿毗达摩经》也。

录自《杂记》

龙树四教

　　龙树四教出《华严经随疏演义抄》："龙树论师，乃西天第十三祖。尝立四教，判释经论。一、有门，谓《阿含》小乘等经，说因果。二、空门，谓《大品般若》诸经，说真空实相之理。三、亦有亦空门，谓《深密》诸大乘经，说有谈空，互相无碍。四、非有非空门，谓《中论》等说，即空之有，是非有；即有之空，是非空。互泯互融，是第一义。"按：此是三论宗所判教义。发端龙树，时代最先。

录自《东轩手鉴》

龙树菩萨之大乘法相

　　《十住毗婆沙论》四暑八、十八后："恶魔复言：摩诃衍经，非佛所说。闻是语时，心无有异。常依法相，不依于他。"此法相，盖即华严法界涅槃体相用三大。所谓体大者，《般若》当之；所谓相大者，《华严》当之；所谓用大者，《大日经》当之。《智度》释《般若》，《十住毗婆沙》释《华严》，《释摩诃衍论》释密宗。龙树宗经论相依，取之无尽。不必杂取他宗，自淆一味也。

录自《东轩手鉴》

法相是论藏之说，法性乃经藏之说

　　"三乘圣道，皆同断贪欲嗔恚愚痴，名为比尼。修多罗者，分别因果；阿毗昙者，分别法相。"《入大乘论》，暑二、六十四前。"契经说种种，律说戒，阿毗昙说相。"《鞞婆沙论》一、收九三前。准此，则法相是论藏之说，法性乃经藏之说也。

录自《杂记》

三论有北地南地师说

《三国僧史略》云："嘉祥以前，为北地三论。嘉祥以后，为南地三论。"此语未知所本，然必唐世讲主之言。寻嘉祥论疏，多引北地师言，而尤尊僧睿。谓之南地，未识何缘。岂以疏中全载智泰宗说，泰为南师，遂以嘉祥为南地师说耶？然泰固明言，昔在江南，钻仰有年；末栖河右，用为心镜，不专南学也。若以新旧言之，容有差别。如玄义云："问，旧亦明大品二慧为宗，与今何异？答，今明圣心来会二，为众生故，无二说二。欲令因二，悟于不二。故于旧不同。又虽明不二，与旧亦异。"云云。百八十四页。诸如此例，凡数十条。比而观之，可知义类。

录自《杂记》

语　　势

　　禅宗，如临济、曹洞，多有语势，以重法要，其端实开自讲家。唐如理《成唯识论疏义演》卷一云："《枢要》中，四法相从，有九句分别。第一，明同初生小大、大小；第二，安立法弥势大小、小大；第三，庄严宝塔势大小、大小；第四，重累莲花势小大、小大；第五，如玉引驾势小小、大大；第六，龙曳尾势大大、小小；第七，万宝大绳势大大、大大；第八，千寻玉带势小小、小小；第九，百节菖蒲势大小、大小。抄一十二。"所谓大小者，以法约人，大小乘各有多计故也。然此等语例，六朝人已有之。隋吉藏《百论疏》一云三百七十二："此论，或一字论义，二三字乃至十字；或嘿然论义；或动眼论义；或闭眼论义；或举手论义；或鸟眼疾转；或师子反掷。巧难万端，妙通千势。"云云。《崇文总目》有释元康《中观论三十六门势疏》一卷。《觉传义解传论》曰：世中论士，鲜会清柔。徒盛拒轮，墨归磨臆。故有王斌论，并明探蛇势。会空屋子，宗统语工，惟闻杀死之言，但见纷披之相。此见讲徒语习，正与禅门杀活相同。

録自《东轩手鉴》

禅　　经

"自江东佛法宏重义门，至于禅法，盖蔑如也。思慨斯南服，定慧双开，昼谈理义，夜便思择。故所发言，无非致远。因定发慧，验此不虚。"又"思因读《妙胜定经》，发心修定。法华三昧，十六特胜，便自心彻，不由他悟。学徒日盛。乃以大小乘中定慧诸法，敷扬引喻，用摄自他。"《续传》十七，《习禅》二。禅法东传，达摩已前，佛驮跋陀多实为巨子。传其学，玄绍、玄高。所译《达摩多罗禅经》八卷《大唐内典录》八卷，《古今译经记》二卷，是庐山慧远禅师所请出。《传》所谓"远与姚主书，解其摈事，欲迎出禅法。在庐山自夏迄冬，译出禅数等经"是也。此经在小字藏印度撰述杂部中。而远师叙，载《出三藏记集》。同时，鸠摩罗什应僧叡之请，亦出《禅经》，今存藏小乘经中。而跋陀禅法，名过罗什。详《传》所称，姚秦诸僧，盛修人事。惟贤守静，与众不同。又大宏禅业，四方乐静者，并闻风而至。学有浅深，法有浓淡，浇伪之徒，遂致诡滑，大被谤黩，将有不测之祸。约其情事，颇有似《续高僧传》所论达摩门宗流弊。度其提唱，当亦有如后世宗之氓教者。高、绍秀峙北方，而慧观等四十余人，同渡江南，不标禅业，不其慎乎！《多罗经》，远师叙本称为《修行方便禅经》禅宗有二达摩。

先佛驮传禅业者，为安世高之译《安般》。后乎佛驮者，为沮渠安阳侯之译《禅秘要治病经》。今皆存小乘部中，或疑目录，偏由义学有意抑之。按：远公《禅经叙》，称"五部之学，并有其人，各述禅经，以隆盛业。人不继世，道有隆替。大小之目，其可定乎？"是必时有异论，故尔文有商词。然又称"达摩多罗与佛大先疑即佛陀斯那，并西域禅训之宗，劝发大乘。"而鸠摩所出禅经中，有马鸣所造，录诸小乘，似亦非齐。或世高《安般》，姑仍旧贯；而罗什《禅要》，移之大部。于所谓三乘同轨，会通至阶者，庶有合乎？

录自《札记》

佛陀斯那与佛驮

　　佛陀斯那与佛驮，共谐高胜，宣行法本。贤入支那，佛陀斯那化行罽宾。慧观所叙之《修行不净观》，沮渠侯所译《秘密治病》，皆斯那之学也。

录自《札记》

修行方便

　　隋《众经目录》卷六《西方诸圣贤所撰集》一类著录，禅业有《大安般经集》二卷，安世高译;《禅秘要法》三卷，鸠摩罗什译;《禅法要解》二卷，罗什译;《治禅病秘要》一卷，安阳侯沮渠京声译;《禅经修行方便》一名《不净观》，佛驮跋陀罗译。然则慧观所叙之《不净观》，即是远师所译之《修行方便》。而佛大先为佛陀斯那，盖无疑也。《不净观》，亦见《达摩多罗禅经》中。是《修行方便》虽不传，其义类犹略可考见。

録自《札记》

少林禅业开自佛陀

少林禅业，开自佛陀，在达摩先。唐开元《少林寺碑》，叙述綦详。达摩之传，为道育、慧可。佛陀之传，为慧光、僧稠并见《续高僧传》。《传》称："稠怀念处，清范可崇；摩法虚宗，玄旨幽赜。可崇则情事易简，幽赜则理性难通。所以物得其筌，初同披洗。至于心田，壅滞惟繁。"语有抑扬，足知唐初达摩宗，犹未完备也。《传》称达摩续灭化《洛》滨，而标题则称"魏嵩岳少林寺佛陀""齐邺下天竺僧菩提达摩"。《续传》时地事迹，与《传灯》绝不符合。二祖传亦然。道宣相去较近，《传灯》为岭南师说，遥在其后。又《四行观书》，今尚存。《传》举其目，《传灯》乃无一字，所不解也。《一统志》：少林寺，魏太和二十年建。隋文帝改名陟岵；唐复名少林。按：唐《少林寺碑》叙次极详，此不足据。

录自《札记》

禅宗各祖

《佛祖统纪》，据《付法藏传》，驳正《传灯》西土二十八祖之说，甚为核实。然《传灯》所据之《宝林传》《圣胄集》，念常置而不论。似未见其书也。圭峰《禅门师资传袭图》，叙诸祖事，称承上祖宗，传记稍广云云。是知南宗师传，自有传记。短书稗说，渎乱无征。如梁、魏纪年之舛，《灯录》固已辨之。考《宋·艺文志》，录有元伟《真门圣胄集》五卷，又不知作者《宝林传录》一卷。意皆唐季五代之书。故不见于开元、贞元二录也《至元勘同》：《付法藏传》，《蕃》本阙。《崇文总目》：《宝林传》十卷，释智矩撰。《宋高僧传》十七：后唐南岳惟劲《续宝林传》，盖录贞元以后禅门祖相继者也。劲尝参雪峰。

《录》称"本国时有二师，一名佛大先，一名佛大胜多。本与祖同学佛驮跋陀小乘禅观，佛大先既遇般若多罗尊，舍小趣大，与祖并化，时号二甘露门。而佛大胜多，更分徒众为六宗"云云。此佛大先，与佛驮跋陀，明是抄略远师《经叙》。而以佛大先谓与达摩同学，不悟年代悬隔；而一在北印，一在南印，地亦辽绝也。

　　《镡津文集》，力主二十八祖之说。诋《付法藏传》为巨谬。谓"二十八祖，具见《禅经》。《禅经》译在《传》前六十二年"云云。寻佛驮跋陀所译经文，略无一字及于法系。《镡津》所据，正依《出三藏记》远公及慧观二序，以证富若蜜多即不若蜜多罗尊者，即《传灯》之二十六祖不如蜜多尊者。富若罗即二十七祖之般若多罗尊者。又证以僧祐之《萨婆多部记》，传法诸师第四十九之弗若蜜多罗即不如蜜多，第五十一之不若多罗即般若多罗。而谓《部记》第五十三之达摩多罗，即慧观叙之昙摩多罗菩萨，即传《修行方便经》之达摩多罗。而达摩多罗，与《传灯》二十八祖之达摩多罗，实为一人。据梁武碑文，达摩寿百五十岁。上推跋多译经之年，达摩方二十七岁云云。其说甚辨，宗门不可不知。

录自《札记》

萨婆多部用力在文字

一切有，梵言萨婆多，本出上座部。三百年初，迦多衍尼子分部。《大集经》云："我涅槃后，我诸弟子受持如来十二部经，而复读诵外典，善能论议，凡所问难，尽能答对，是萨婆多部。"《宗轮述记》云："上座部，本宏经藏，以为上首。以律对法为后，非不宏宣，不以为首耳。迦多衍尼子出世，先宏对法，后宏经律。以此乖诤分部。亦名说因部。谓此说部义，皆出所以而广分别之也。"详此所述，上座部之一切有，正与大众多闻部风尚略同，其用力固在文字。达摩出萨婆多部，而不立文字，是亦救弊扶偏之意。谓萨婆多部自第五十三师以后，又分一部为达摩部，亦无不可也。

录自《札记》

禅法出萨婆多部

　　僧叡关中所出《禅经序》云："究摩罗法师，抄撰众家禅要，得此三卷。初、四十三偈，是究摩罗罗陀法师所造。后、二十偈，是马鸣菩萨之所造也。其中五门，是婆须蜜、僧迦罗叉、沤波崛、僧迦斯那、勒比邱、马鸣、罗陀，《禅要》之中所撰出者也。"按：此诸师，究摩罗罗陀，即《萨婆多部记》之第十二师鸠摩罗陀罗汉。沤波崛，即第五优婆崛罗汉。勒比邱，即第十长老胁比邱。齐公寺佛大跋罗多所记，谓之第八勒比邱者也。婆须密第八，僧伽罗叉第二十九，惟僧迦斯那名不见耳。《齐公寺记》，众护第二十六，未知即僧伽斯之译名否？植按：据此诸师名字，鸠摩罗什所传禅法，与佛陀跋多罗所传禅法，同出于萨婆多部。第鸠师所传，是古师说。佛师所传，是师说耳。传《成实论》之诃梨跋摩，于《部记》为诃梨跋著第四十三师，而称为俱摩罗陀上足弟子。俱摩罗陀，即第十二师鸠摩罗罗陀也。故知所云上足，不必亲承。而代数两说并存。祐师固微不载疑之旨。

录自《札记》

楞伽宗

　　《续高僧传》二十五《感通法冲传》云："冲以《楞伽》奥典，沉沦日久，所在追访，无惮夷险。会可师后裔，盛习此经，即依师学，屡击大节，便舍徒众，任冲转教，即相续讲，三十余遍，又遇可师亲传授者，依南天竺一乘宗讲之，又得百遍。其经本是宋代求那跋陀罗翻，慧观法师笔受，故其文理克谐，行质相贯，专惟念惠，不在话言。于后达摩禅师传之于北，忘言忘念，无得正观吾宗。后行中原，惠可禅师创得纲纽，魏境文学，多不齿之。领宗得意者，时能启悟。今以人代转远，纰缪后学，可公别传略以详之。今叙师承以为承嗣，所学历然有据。达摩禅师后，有惠可，惠育二人。植按：惠育疑道育之误。育师受道心行，口未曾说。可禅师后，粲禅师、惠禅师、盛禅师、那老师、植按：那禅师附见《续传》十六，僧那亦见《传法正宗记》。端禅师、植按：端禅师疑是相州惠满，满误作端。长藏师、植按：《可传》又有惠藏，姓张，云可常使那、满诸师，常斋四卷《楞伽》以为心要。长藏疑张藏之误。真法师、玉法师。以上并口说玄理，不出文记。可师后，善老师出抄四卷、丰禅师出疏五卷、明禅师出疏五卷、胡明师出疏五卷。远承可师后，大聪师出疏五卷、道荫师抄四卷、冲法师疏五卷、岸法师疏五卷。植按：光州岸公见《宋》八《慧朗传》、宠法师疏八卷、大明师疏十卷。不承可师自依《摄论》者，迁禅师出疏四卷、当德律师出《入楞伽疏》十卷。那老师后，宗禅师、惠禅师、旷法师、宏志师。召往京师西明，身亡法绝。明禅师后，伽法师、宝瑜师、宝迹师、道莹师。并次第传灯，于今扬化。冲公自从经术，专以《楞伽》名家，前后敷宏，将二百遍。顺便为引，曾未涉文，而通变适缘，寄势陶诱，得意如一，随言便异。师学者苦请出义，乃告曰：义者，道理也。言说已粗，况舒在纸，粗之粗矣。事不获已，出疏五卷，题为《私记》，今盛行之。宏福润法师初未识冲，问曰：何处老大德？答：兖州老小僧耳。又问：何为远至？曰：闻此少一乘，欲宣一乘教纲，漉信地鱼龙，故至耳。三藏玄奘不许讲旧所翻经。冲曰：君依旧经出家，若不许宏旧经者，君可还俗，更依新翻经出家，方许君此意。奘闻遂止。斯亦命代宏经获法强御之士，不可及也。"

录自《札记》

《宝林传》

《镡津》又论《宝林集》云："虽其文字鄙俗，序致烦乱，不类学者著书。然其事有本末，世数名代，亦有所以。"又云："说者曰，支疆梁娄先作《续法传》，元有二十五祖。至婆舍斯多，谓传法之人，不自师子比邱即绝。又曰："吉弗烟，与昙曜同时。别修此为《五明集》原注：盖广乎《付法藏传》者也。吉弗烟，亦吉迦夜也，亦谓有二十七世。今《五明集》不复见，虽有稍得之，或别命其名目，如《宝林传》《圣胄集》之类。又不列译人之名氏。后人无由考其实。"云云。《镡津》回护《宝林传》，用心良至。第无如其文字鄙俗，传译无绪，何也？《续高僧传》，周时，有波头摩国律师攘那跋陀罗，共耶舍崛多等译《五明论》。谓声、医、工、术及符印等。此皆婆罗门书，不应及佛家统系。《宝林》《圣胄》，殆难影射也。

录自《札记》

达摩多罗与达摩

《开元释教录》十五：圣贤集传阙本目录，《修行方便经》二卷亦然。云："《修行方便禅经》，吴月氏优婆舍支谦译单本。上此《修行方便经》，详其名目，与《达摩多罗禅经》合是同本。而彼《禅经》，亦名《修行方便经》。是东晋代觉贤所译，佛大先造。先，罽宾人，觉贤师也。贤与支谦，相去一百四十余年。恐佛大先彼时未出，配为同本，或为未当。故为翠①译。"植按：此条云"合是同本"，又云"故为翠译"，有厘正之辞。是支谦本阙，智昇所未观。第据旧录，辨其翠复耳。旧录盖以支谦、觉贤为同本。审如《镡津》说，达摩多罗即是达摩。则又先百四十余年。而达摩来华，乃三百余岁矣。

录自《札记》

《传灯录》叙天竺三十五祖

《景德传灯录》叙天竺三十五祖，自迦那提婆起。注云："内一十三祖见录。内二十二祖旁出无录。"今依录如下，校以僧祐作记。

第十五祖迦那提婆。

第十六祖罗睺罗多萨婆多，第二十二。齐公寺，第十八。

第十七祖僧伽难提。

第十八祖伽邪舍多。

第十九祖鸠摩罗多萨婆多，鸠摩罗驮十二。齐公寺，鸠摩罗大二十五。

第二十祖阇夜多。

第二十一祖婆修盘头疑难提婆秀。萨婆多十九，齐公寺十四。

第二十二祖摩楼那。

第二十三祖鹤勒那。

第二十四祖师子尊者萨婆多，师子罗汉二十五。齐公寺，师子罗汉二十一。

　达摩达师子尊者旁出，二十五世。萨婆多，达摩达二十四。齐公寺，达摩多罗二十二。

　　因陀罗达摩达下旁出一，廿六世。萨婆多，因陀罗摩罗二十六。齐公寺，因地罗摩罗二十三。

达摩尸利帝<small>因陀罗下旁出一，二十七世。萨婆多，达摩尸梨帝三十三。</small>齐公寺，法胜三十。

摩帝隶拔罗<small>达摩尸利帝下旁出一，二十八世。萨婆多，摩帝丽四十二。齐公寺，摩帝戾拔罗三十七。</small>

诃利跋茂<small>达摩尸利帝下旁出二，二十八世。萨婆多，诃梨跋暮四十三。齐公寺，诃梨跋暮三十八。</small>

那伽难提<small>因陀罗下旁出二，二十七世。萨婆多，那迦难三十二。齐公寺，那迦难提二十九。</small>

破楼求多罗<small>因陀罗下旁出三，二十七世，萨婆多，破楼提婆第三十七。齐公寺，破楼求提三十二。</small>

和修盘头<small>破楼求多罗下旁出一，二十八世。萨婆多，婆秀盘头四十四。齐公寺，披秀槃头三十九。</small>

达摩诃帝<small>破楼求多罗下旁出二，二十八世。萨婆多，达摩达帝四十五。齐公寺，达摩诃帝四十。</small>

旃陀罗多<small>破楼求多罗下旁出三，二十八世。萨婆多，第四十六。齐公寺，四十一。</small>

婆罗婆提<small>因陀罗下旁出四，二十七世。萨婆多，婆罗提婆三十六。齐公寺，婆罗难提三十一。</small>

瞿罗忌利婆<small>达摩达下旁出二，二十六世。萨婆多，瞿罗忌利婆二十七。齐公寺，瞿罗忌利二十四。</small>

波罗跋摩<small>瞿罗忌利婆下旁出一，二十七世。萨婆多，婆修跋摩三十八。齐公寺，婆修跋暮三十三。</small>

盘头多罗<small>波罗跋摩下旁出一，二十八世。萨婆多，槃头达多四十八。齐公寺，槃多四十三。</small>

勒那多罗<small>波罗跋摩下旁出二，二十八世。萨婆多，第四十七。齐</small>

公寺，第四十二。

婆罗婆多波罗跋摩下旁出三，二十八世。

僧伽罗叉瞿罗忌利婆下旁出二，二十七世。萨婆多，僧伽罗叉二十九。齐公寺，众护二十六。

毗舍也多罗僧伽罗叉下旁出一，二十八世。萨婆多，毗阇延多罗四十一。齐公寺，毗阇延多罗三十六。

毗楼罗多摩僧伽罗叉下旁出二，二十八世。萨婆多，毗楼四十。齐公寺，比楼三十五。

毗栗刍多摩僧伽罗叉下旁出三，二十八世。萨婆多，毗栗慧三十九。齐公寺，毗栗瑟嵬弥多罗三十四。

优波羶多僧伽罗叉下旁出四，二十八世。萨婆多，优波羶驮三十。齐公寺，优波羶大二十七。

婆难提多僧伽罗叉下旁出五，二十八世。萨婆多，婆难提三十一。齐公寺，婆婆难提二十八。

二十五祖婆舍斯多。

二十六祖不如蜜多萨婆多，弗若密多第四十九。

二十七祖般若多罗萨婆多，不若多罗第五十一。齐公寺，不若多罗第四十四。

二十八祖菩提达摩萨婆多，达摩多罗五十三。齐公寺，昙摩多罗五十。

植按：《灯录》所列，不言所据何书。自师子尊者以前，与《付法传》合。师子以后，与《萨婆多师部记》略同。须似合二书为之者。第所叙自达摩达以下旁出世次，有条不紊，颇可与《部记》参证。意作者尝见《部记》全书，采摭为此耶？不可考矣。

录自《札记》

《禅秘要法经》一，为迦缔那难陀说系念，观左脚大指法。按
《俱舍》二十二，"息有六相，第三为止。谓系念惟在鼻端，或在眉
间，或于足指。"是此法也。

马祖有二

　　马祖师智威，智威师法持。法持，黄梅传法十弟子之一也。具
《宋高僧传》。赞宁称玄素为马祖。《传灯》称道一为马祖。

录自《杂记》

曹洞与唯识学

马祖会无，龙树宗也。曹洞知有，无著意也。世之治唯识学者，不可不参曹洞。

录自《札记》

保唐、宣什

　　《禅源诸诠集序》：“禅有诸宗，互相违反。今集所述，殆且百家。宗义别者，犹有十室。谓江西、菏泽、北秀、南侁、牛头、石头、保唐、宣什，及稠那、天台等。”按：南侁者，资州智侁禅师，五祖弟子，与秀、能，为兄弟。资州下一传为处寂，再传为无相，三传为保唐无住禅师，实五祖下第四世也。见《灯录》二。圭峰《禅门师资承袭图》，五祖下有果阆宣什，《景德灯录》阙载。《舆地纪胜》：“阆州仙释宣什，俗姓张氏，开元寺僧也。博通释典，刺史鲁王见之曰，真高僧也。武后诏为福先寺，固辞不就，遂入洛，游嵩山而归。欲居縢子山。门人言，山上无水。以杖扣岩，浩然泉涌。”云云。宋仅五宗，唐有十室，亦禅家应知者也。

录自《札记》

四五六祖皆分二支

四五六祖，皆分二支。赞宁传论云："达摩传可，可传璨，璨传信。下分二支。一，忍；二，融。融，牛头也。忍传秀与能，能传忍衣。此宗越盛。"按：宁师此论，禅祖达摩，忍与融并，秀与能并，犹唐人旧说。非若《传灯》定一尊于曹溪。摈牛头、当阳于境外也。曹溪下，亦分南岳、青原二支。宁可青摈南、南摈青乎？北方尚修练之勤，南方兴顿门之说。譬诸儒家，北方如齐、鲁诸儒，质行也。故十室之语罕存，而五宗之录独盛。然则不立文字之教，乃仍依文字而战胜乎？

录自《札记》

禅门《师资承袭图》

圭峰《师资承袭图》，答裴相国问而作也。《崇文目》，有裴休《拾遗问》一卷，疑即此书。是为唐人论诸宗古说，尚在《圭峰碑》前。其正宗为菏泽。图中有南岳，无青原。盖唐世北方论曹溪宗派者，以菏泽、洪州对峙。唐末，南方乃以南岳、青原对举耳。《景德灯录》于神秀下注："《耶舍三藏志》云：艮地生玄旨，通尊媚亦尊。比肩三九族，足下一毛存。"嵩岳慧安国师下注云："《耶舍三藏志》云九女出人伦，八一作三女绝婚姻。松林添六脚，心祖众中尊。"此耶舍为那提耶舍，其与万天懿问答谶偈，在契嵩《传法正宗记》中，正与法海所记一花五叶之偈相类。曹溪止于六祖，而北宗以神秀为六祖，普寂为七祖。菏泽宗则慧能第六，神会第七。宗止七，而无八九。盖德宗贞元中奉敕楷定，当时几定于一尊，裴公休《圭峰碑文》可证也。《崇文目》，有《和泽禅师微诀》一卷。和泽，盖菏泽之误。书今不传。按《通志》政作菏泽。其述六祖付法神会之语，与《坛经》绝不同。法海撰《坛经》，于神会多毁词，其人盖反对菏泽宗徒者。南宗之克胜北宗，为人王崇重，实赖会力。会下法嗣十八人，传化遍南北，岂洪州所能比哉。《坛经》，相传有三本。圭峰亦言，大师传有略本广本，今所传独法海本。菏泽之受诬多矣日本书言，辽时，尝有诏焚法海《坛经》，谓为伪书。此图所载诸师，不见于《景德录》者：四祖下之法净、黄梅朗禅师、荆州显、舒州法藏。五祖下之襄州通、业州法，江州宁持、陈楚章李了法、扬州觉。六祖下之章敬禅，神会下之魏州寂、邢州惠觉、襄州寂芸、摩诃衍、东京恒观、潞州宏济、襄州法意、西京法海、陕州敬宗、凤翔解脱、西京坚等，凡二十一人。《圆觉略疏钞》卷八。五祖下，叙荆州神秀、潞州法如、襄州通、资州智侁、越州义方、华州慧藏、蕲州显、扬州觉、嵩山老安等十人。华州慧藏、蕲州显，为此图所无。疑图中叶州法即华州慧藏讹脱也。不见录而见《宋高僧传》者，益者石，即《传》益州净众寺神会（与荷泽同名）。荷泽下，太原光瑶，西京大愿。不见《录》《传》，而见《诸诠集》者，果阆宣什。宣什列十室之一，而不见《录》《传》，则菏泽宗之系诸大师派末者多矣。《灯录》例，无机缘语句者，仅著其名，不录其事。菏泽宗之徒，盖谨守达摩不立文字之训者。机缘语句非所尚，故后无述也。又此图，独见于日本《续藏经》。宋、元、明藏中，皆不载，文字讹误，几不可读。无他本可校。世传《诸诠集》尚有传本，在京师某大寺中，僧秘之，不可得见。不知其说信否？果尔，则十室绪言，他日可复昭天壤。于禅宗开一新纪元矣。图于四祖下旁出之牛头，五祖下旁出之神秀、智侁，六祖下旁出之南岳让，皆于一格之内，别详分袭。刻本惟牛头融书以七字，注云初祖。其法嗣以第一第二序之，特为明白。怀、让下，列马祖。马祖下，列章敬禅、百丈海、西堂藏、兴善宽、荆州悟，亦尚有大小字之分。惟五祖下神秀、智侁二系，师弟同为小字，先后统绪不可分。后之学者若能据此为本，博考他书为之传证，可作禅宗别典。裴公休言，圭峰门，达者甚众，皆明如来知见，而善说法。得其氏族道行可传于后者，纪于别传。又言：圭峰教别为一宗。是杨大年李遵勖纂刻之业，裴公休已先存此意，惜《诸诠集》《别传》，皆不传耳。

录自《札记》

《中岳沽如禅师行状》

　　《中岳沽如禅师行状》，此石刻，见《金石续编》，沽字如此作，未见石本，不知所摹确否？按其所叙，即《圆觉疏钞》所谓潞州法如也。《状》称：禅师，上党人。上党即潞州，故《疏钞》称潞州。法如禅师开禅少林，故状称中岳也。叙其传法源流云："天竺相承，本无文字，入此门者，惟意相传。故庐山远沽师《禅经序》曰，阿难曲承音诏，遇非其人，必藏之。如来泥曰未久。阿难传末田地，末田地传舍耶婆斯。此三应真，冥契于昔，功在言外。经所不详。又有达节善变，出处无际，不可以名部分别者，即南天竺三藏法师菩提是也。武步东邻，神化幽赜。入魏传可。可传粲。粲传信。信传忍。忍传如，居少林寺。垂拱二年，四海标领僧众，集少林精舍，请开禅法。三让，乃许。师以一印，密印于众。大化既敷，其事广博。屈伸臂顷，便得本心。群机隐变，毫厘不差。永昌元年卒。"云云。此《行状》，以法如直嗣五祖。能、秀皆所不论。碑在少林祖庭，而赞宁未采。亦僧传之阙漏也。《状》叙禅法，始举《禅经》，及"达节善变，出处无际"云云，亦似以少林达摩即《禅经》达摩者。

　　　　　　　　　　　　　　　　　　　　　　录自《札记》

风穴贞禅师为七祖

　　唐《贞和尚塔铭》，在汝州。《金石萃编》八十三，录其全文。《中州金石记》，谓明皇谥贞为七祖。《塔铭》无此文。检《一统志》，汝州仙释有真禅师。其文云："开元中，驻锡风穴山。尝习衡阳三昧，其化大行。示寂后，守宰李暠阇维之，得舍利千粒。明皇谥为七祖。"志之真，即铭之贞和尚。盖地志相沿旧说也。然塔文明言，受衡阳止观门，则贞是天台宗，与黄梅无涉。七祖之说，因何致讹？不可详已。《佛祖统纪》，台宗以智者为四祖，章安为五祖，大威为六祖，小威为七祖。

录自《札记》

近世禅学不振，由不读儒书之过

近世禅学不振，盖由不读儒书之过。昔尝与月霞师屡言之，霞师谓然。而其开华严大学，亦未能有所建立。明世寺学徒课用制义，憨山大士实基以兴，而诸大师亦多出身秀才者。日本佛法，在亚东为最后衰者，由其兼习儒教而然。近三十年，缁徒随世转移，重科学，轻儒学。儒学疏，而佛学亦浸衰矣。有俗谛，而后有真谛。有世间法，而后有出世间法。所谓转依者，转世间心理为出世间心理。曹不识世间心理，将何从转之。因与某禅师谈，知见甚正，而针札不亲。去而思其故，书此。

录自《札记》

《泥洹》

　　《出三藏记集》八："六卷《泥洹》，记摩竭陀国巴连弗邑阿育王塔天王精舍优婆塞伽罗先，见晋土道人释法显远游此土，为求法故，深感其人，即为写此《大般泥洹经》如来秘藏，愿令此经流传晋土，一切众生悉成如来平等法身。"云云。据彼文，则一卷一字是六字之误，检《出三藏记集》，智猛传之罗阅宗，与伽罗斯似是一人。

录自《护德瓶斋简端录》

相宗往生说

　　无著有《净土论》，天亲有《往生论》，皆净土西方要典。而自所归宿，乃不在弥陀，而在弥勒。去取之途，未知所向。自尔以来，相宗多愿生兜率矣。

录自《札记》

六　　即

　　天台以六即明位次。《起信》五觉，举以相准。本觉者，理即也。始觉者，名字、观行，二即也。相似觉者，相似即也。随分觉者，分证即也。究竟觉者，究竟即也。《起信论》译于梁代，在智者大师前。颇疑六即准五觉而开出者。更检智者所著。唯识五位，用准六即，则除理即外，其余五即，亦可与五位相当。五位，以十住、十行、十回向，列资粮。煖、顶、忍、世第一，列加行。真见、相见二道，列通达。登地十位，为修习。极果，为究竟。三贤十圣之间，参列四加行，似难和会。而同以华严五位为名位次之根，则开合虽殊，指归未尝不能一致。去其枝节之净，而论功用之实。以名字当资粮，观行当加行，相似当通达，分证当修习，无不可也。

録自《札记》

天台判《楞伽》为别教

《辅行》三之四^{阳六、二十八}：“《楞伽》多辨通别，少明藏圆。五法，三自性；八识，二无我，全是别义。”据此以谈，是荆溪判《楞伽》属别，即判法相为别矣。

录自《札记》

小乘论有菩萨

　　"三藏有佛菩萨。例如三藏析法，虽有佛菩萨，终是小乘所言。"《止观》三下。阳四、五十七按：小乘论有菩萨，盖大乘盛行之后，论师通论及之，非其本宗。旧说，小乘经无菩萨也。仍当以义净所记为正。

录自《札记》

南北佛教

禅宗、净土宗、戒律宗，为北方实际的佛教。三论、天台，为南方理论的佛教。北《华严》，为缘起论宗。南《法华》，为实相论宗。华严五教十宗，天台五时八教稻叶圆成《佛教地理》，此论影响。然南北风尚不同，佛学元与儒学不异。

录自《礼记》

心无宗与道恒

嘉祥《维摩广疏》，绝四句义云："第一，天竺外道。二，五百论师。三，心无之论，计有尘无识。四，唯识之义，执无尘有识。"云云。心无下注云："肇师《不真空论》辨之云：心无者，无心于万物，万物未尝无。肇详之云：此得在心静，而失在物虚也。"《肇论略疏》憨山大师不《真空论注》云："晋道恒心无宗，为一家，支道林著《即色游玄论》，即色宗，为二家。晋竺法汰本无宗，为三家。"按：《高僧传》，道恒有二：一、秦道恒，什师弟子，有专传。一、晋道恒，附释道祖传。心无宗，盖晋道恒也。

录自《札记》

洛克悉茗天女

　　《大日经疏》八："洛乞涩弜三合，吉相也。"按此，则印度洛克悉茗天女，即吉祥天软？

录自《札记》

密宗萌芽

　　正地部，取韦陀好语，庄严佛经。法护部增咒部、菩萨部二藏，密宗萌芽，已见于此。不知诸师为在龙树前在龙树后也？依诸部皆在三百年前说，则固在龙树前。

　　　　　　　　　　　　　　　　　　　　　录自《东轩手鉴》

佛寺画像轨式

《根本说一切有部毗奈耶颂》下："若用众杂采，绘画在随听。不得画众生，仍开剪花叶。若在僧房壁，画白骨死尸，或时为髑髅，见者令生厌。大门扇画神，舒颜喜含笑；或为药叉像，执仗为防非。画大神通事，华中现佛形。及画死生形，可于门两类。画香台户扇，药叉形执花。若于僧大厨，画神擎美食。库门药叉像，手执如意袋，或擎天德瓶，口泻诸珍宝。若于供侍堂，画老芯蒭像，应为敷演势，开导于众生。温堂并浴室，画作五天使，生老病死系，其事准经为。若在养病堂，画作大师像，躬持大悲手，亲扶重病人。若于水堂处，雕彩画龙蛇。若于圊厕中，应作尸林像。可在檐廊壁，画在本生时，难行施女男，舍身并忍事。如斯画轨式，缘在逝多因。长者造寺成，世尊亲为说。"云云。按：唐世伽蓝，壁多名画，溯其原始，盖出西天。观此所称，知宣和所收唐贤《佛铺》《佛从》《佛因地》诸图，大较皆是逝多图檐廊壁间轨式。而"大门扇画神，舒颜喜含笑；或作药叉形，执仗为防非"，此实后世门神之始。一讹而为褒、鄂，一讹而为神荼、郁律。不知其喜者为天神，其盛怒者乃药叉也。

录自《东轩手鉴》

金刚乘法西番传自乌佃国

《彰所知论》言："瞻部州西，有乌佃国。大金刚宫，持种所居。金刚乘法，从彼而传。南海之中，山曰持种，观音菩萨居止其顶，圣多罗母居止其下。东有五峰，文殊菩萨居止其上。"按：此三方，盖西番所崇拜之圣地。乌佃、南海，瑜伽宗所崇拜。五峰，指五台，文殊所居，盖中观宗所崇拜也。乌佃，即《源流》之乌迪雅纳国。巴特玛繳巴斡，是其国人。西藏密宗，开自巴特玛繳巴斡，故曰金刚乘法，自彼而传。乌佃，又即法显《记》之乌苌，辩机《记》之乌仗那。《宋史·天竺传》作乌填曩。法显《记》称为正。北天竺佛法甚盛，辨机《记》言，僧徒并学大乘，寂定为业，戒行清洁，特娴梵咒。瞢揭厘城、西度大河，有观自在菩萨像。神迹昭明，法侣共趋，供养无替。此皆可为乌佃国金刚乘法之表示见端。然《记》中无密宗金刚乘之名目。意其时支那僧侣因缘时节尚未至耳。

录自《东轩手鉴》

那兰陀寺画佛像

　　邓椿《画继》："西天中印度那兰陀寺，多画佛及菩萨罗汉像，以西天布为之。其佛相好，与中国人异。眼目稍大，口耳俱怪。以带挂右肩，袒裸坐。立已，先施五藏于画背，乃涂五采于画面，以金或朱红作地。"云云。按：佛像以带挂右肩，即密宗《青颈观世音经》所谓黑鹿皮于左膊角络，被黑蛇为神线；《何耶揭利婆经》所谓左膊上着弊耶二合迦罗者摩者也。本朝译《造像量度经》，谓之仁兽皮络掖。《画继》右肩，右当作左。

　　　　　　　　　　　　　　　　　　　　　　　录自《札记》

哪吒太子

哪吒太子，见《宣律师传》，称毗沙门天王之子。又见《五灯会元》二，有"析骨还父，析肉还母"语。

录自《辛丑札记》

成就剑法

《妙吉祥最胜根本大教王经》，有成就剑法。云："持明者，用华铁作剑，长三十二指，巧妙利刃。持明者执此剑往山顶上，如前依法作大供养，及随力作护摩。以手执剑，持诵大明，至剑出光明。行人得持明天，剑有烟焰，得隐身法。剑若暖热，得降龙法，寿命一百岁。若法得成，能杀魔冤，能破军阵，能杀千人。于法生疑，定不成就。"又有圣剑成就法。又云："若欲成就剑法，及入阿苏罗窟，当作众宝像，身高八指。"云云。按：唐小说所纪剑侠诸事，大抵在肃、代、德、宪之世。其时密宗方昌，颇疑是其支别。如此经剑法，及他诸神通，以摄彼小说奇迹，固无不尽也。《国史补》："或说天下未有兵甲时，常多刺客。"

录自《札记》

密宗与易义

慧门十六尊，乾道成男；定门十六尊，坤道成女。乾易知，是慧。坤简能，是定。

录自《札记》

四象，八卦，伏羲之宇宙观；六大，四曼，毗卢遮那之宇宙观。

录自《札记》

台　　密

《请观音经》在台宗，密教也。

录自《札记》

忏仪始梁。志公、宝唱等，撰《慈悲道场忏法》十卷。智者大师继之，撰《方等三昧忏法》三卷，《法华三昧忏仪》一卷。《净住子净行法门》，始《皇觉辨德门第一》，终《发愿庄严门第三十一》，即慈悲忏之所宗也。知津《广宏明集》条下。说本元僧智松《梁皇宝忏序》。忏仪心佛为二，密宗即心即佛。

录自《札记》

律分五部

　　《出三藏记集》，律分五部：一、萨婆多部《十诵律》秦译六十一卷。二、昙无德《四分律》秦译四十卷。三、《婆蹉富罗律》，一名《僧祇律》晋译四十卷。即今《摩诃僧祇律》。四、《弥沙塞律》宋译三十四卷。五、《迦叶惟律》未译。按：此五部，即同世五师之五部也。萨婆多，即优婆掘多。婆蹉富罗，即《部执异后记》之跋私弗底梨与？即幡雌，即犊子。祐引犹如小儿之解，失之。检《翻译名义集》，正释婆蹉富罗为犊子，亦兼引《大集经》小儿之释。第不以《犊子律》为即《僧祇律》，而云律本不来，以此为异。又《名义集》谓迦叶遗有戒本，相同五分，亦异祐说。盖本诸《开元释教录》，所谓"饮光部但有戒本，律藏未翻"之说，而复下己意者也。饮光戒本，或疑即沮渠京声所译之《迦叶禁戒经》。又《开元录》：《解脱戒本》一卷。注，出迦叶毗部。《开元录》云："《摩诃僧祇律》一经，是根本调伏藏，即大众部毗奈耶。佛圆寂后，尊者迦叶集千应真于王舍城竹林石室之所结也。《十诵律》，即说一切有部毗奈耶藏。佛圆寂后三百年初，从上座部之所出也。《五分律》，即化地部，从说一切有部出。《四分律》，即法密部，从化地部出。皆在三百年中。"佛灭后五部：一、昙无德部，法名《四分》。二、萨婆多，法名《十诵》。三、弥沙塞，法名《五分》。四、婆蹉富罗，律本未来。五、迦叶遗，法名《解脱》。《僧祇》为根本，分出前五。此见《辅行》六之二，阳七九后。《三藏法师传》："乌伏那国，其僧律仪传训有五部焉。一、法密部。二、化地部。三、饮光部。四、说一切有部。五、大众部。"是北天所有，与唐土同。

录自《东轩手鉴》

　　其《善见律毗婆沙》十八卷，别是一家，出于五部之外，疑是师子国所传。而《开元录》于真谛所译《律二十二明了论》注云："《明了论》，出正量部《波罗提木叉论》中。其大论未译，凡有六千颂。彼部法师，阿那舍人，厥名觉护。依律《婆沙》及是等造。"按：真谛师，西印度人。西印多行正量部。《十诵律》第六十卷，为《善诵毗尼》。叙有二品：一、五百比丘结集三藏法；二、七百比丘结集灭恶法。是十诵戒为七百比丘结集也。《善见律》说律本初：第一次，《优波离》五百罗汉集三藏。第二次，佛灭后五百年，同《跋阇子》十事非法，离婆多七百比丘集毗尼藏离婆多，即《十诵》梨婆多。萨婆迦，即三菩伽。修摩寃，即修摩那。婆沙婆伽眉，即萨波摩伽罗摩。是为东方四旧比丘。屈阇须毗多，即级阇苏弥罗。耶须，即耶输陀婆那。参复多，疑是沙罗眉。苏寐当是萨婆伽罗婆离婆罗上坐，然对音殊不合。是为四客比丘。《十诵》以客比丘、旧比丘分。《善见》以阿难弟子、阿菟留驮弟子分。第三次，阿育王集一千比丘，目犍连子帝须为上坐，集毗尼藏。是佛灭后一百十八年后事也。《善见律》，盖阿育王时结集。《善见律》又云："于阎浮利地律师，我当次第说名字。第一，优波离；第二，驮写拘；第三，须那拘第二结集，亦称那拘集众出毗尼；第四，悉伽婆；第五，目犍连子帝须。"此《善见律》异世五师名字，与萨婆多部不同。须那拘，疑即《善见》梵语。《善见律》别释，师子国要用《十诵》语。见《三论玄义》。然则《善见》，是《十诵》支裔也。

录自《东轩手鉴》

毗舍佉与胜友

　　《根本说一切有部毗奈耶颂》五卷，尊者毗舍佉造，义净译。按：《萨婆多部记》寐遮伽罗汉第十八，《齐公寺记》第十三。盖即此毗舍佉。《根本萨婆多部律说》二十卷，尊者胜友集，义净译。按：胜友，即第二十三弥帝利尸利罗汉。梵语弥帝利为友，尸利为胜。

　　　　　　　　　　　　　　　　　　　　录自《札记》

铺三空座

《根本说一切有部毗奈耶颂》下所谓"授记当来佛，留第三分为众生舍利，目连为一双佛应化者，皆自度，最后涅槃，归命礼敬礼结集诸大德，亦礼侍者阿难陀，次礼圣者邬波黎，次礼尊者迦摄波"，是律家仪，可证《佛国记》铺三空座之义。

录自《护德瓶斋简端录》

奔荼跋达那

　　"东境奔荼跋达那，此界有树号娑罗。北山名曰喝尸罗，寺名答摩娑畔那。西界村名窣吐那，南边城号摄伐罗。佛说此内是中方，于此界外名边国。"《根本毗奈耶颂》上唐译林之梵音曰伐那。祐以跋达那为林，盖先唐旧译。摄伐罗，金也。疑即金地国。《西域记》："奔那伐弹那国，在恒河东。"此奔荼跋达那欤？

录自《杂记》

佛不坏世法

"一切诸佛出兴于世，利乐众生，皆依古法。故云：各坐菩提树，诵我本师戒。又云：是卢舍那诵，我亦如是诵。解云：既佛本师戒，复但云诵，不言说者，明则本法，非新制也。"法藏《梵网疏》一卷。二页。此可为佛不坏世法之证。

录自《札记》

世　　间

　　罗汉是出世法，菩萨是世间法。所谓世间者，宇宙观之世间，缘觉世间，非独觉世间也_{缘觉独觉之异，另记}。十地之烦恼障，所知障，无明惑，尘沙惑，皆涉世间而现。辨之于后得智，非辨之根本智者。故所知障断，后于烦恼障也。万行之修，到此应如何取向？答：清凉既皆了决南北二宗玄理。自谓己曰："五地圣人身证真如，栖心佛境，于后得智中，起世俗念，学世间技艺。况吾学地，能忘是心。"云云《宋高僧传》。斯大菩萨真语实语也。法界无尽，世界无尽。重法界而忽世界，是不得为平等性智。而妙观察之体不圆而成，所作之用不大矣。

　　　　　　　　　　　　　　　　　　　　　　　　　录自《札记》

变易生死有四

变易生死有四《义林章》七《魔罗章》：一、方便生死；二、因缘生死；三、有有生死；四、无无生死。通世间出世间法言之，文山死而宋不亡，正学死而程、朱学定。推之纪信解成皋之难，巡、远遮蔽江淮，功在人间。暨诸以身殉道者，皆菩萨之方便生死也耶？国君死社稷，大夫死众，士死制，守土者与城存亡，谋人之军师，败则死之，因缘生死也。死有重于泰山，有有生死也。白刃割颈如割风，无无生死也。

录自《札记》

证不可量

《华严经》说："十地菩萨，一举足证智功德，九地菩萨所不能知。"说者仅以不思议境视之，漫无着落，非入理谈也。积土成山，积水成川，积巧生神，积善信美大而成圣，积信解行证而成佛。同此知见，积之久而慧异。同此功用，积之久而力异。体之者且动于不自知，测之者何由置议。譬之算术，线之交错万变可以画，体之层累而进不可画也。而穷高极深之数，均非驭以乘方递乘递除不为功。至于递乘递除而得数可定，而所以得数者，殆不可以几何说之矣。故信解行可量，而证不可量。

录自《长语》

临儿国与《浮屠经》

　　《三国志》注引《魏略》云："临儿国。按:《翻译名义集》,王舍城
具曰罗阅祇伽罗。《梵汉杂名》,王舍城曰啰惹讫里咀。临儿即罗阅、啰惹也。
《浮屠经》云:'其国王生浮屠,浮屠,太子也。父曰屑头邪,母曰
莫邪。浮屠身服色黄,据此则佛自衣黄,大众部黄衣正佛制也。发青如青
丝,乳青毛蛉赤如铜。始莫邪梦白象而孕,及生,从母左胁出。生
而有结,堕地能行七步。'此国在天竺城中。天竺又有神人名沙律,
昔汉哀帝元寿元年,博士弟子景卢,受大月氏王使伊存口授《浮屠
经》云复立者,其人也。《浮屠》所载临蒲塞、桑门、伯闻疏问、白
疏闻、比丘、晨门,皆弟子号也。《浮屠》所载与中国《老子经》相
出入,盖以为老子西出关,过西域,至天竺教胡。浮屠属弟子别号合
有二十九,不能详载,故略之如此。"植按:自安公录经以来,溯源
汉世,最先止于摩腾之《四十二章》。哀帝遣使之言,几等于室利来
化,靡所征据。范蔚宗谓二汉方志,于浮屠神化,莫有称者。岂知鱼
氏书中,不惟详月氏、天竺国地,且略存最古之《浮屠经》要乎!隋
费长房《历代三宝记》援引史事,最能纪远。其年次表,纪哀帝元
寿元年景宪使大月氏国,受得《浮图经》。浮图者,即佛陀也。岂非

经来相续久矣。又记历代众经目录，《古录》一卷，注云："似是秦时释利防等所赍来经目录。"《汉时佛经目录》一卷，注云："似是迦叶、摩腾创译《四十二章》，因即撰录。"《旧录》一卷，注云："似前汉刘向搜集藏书，所见经录。"以上三家，虽传记有目，并未尝见。故费氏所记译本，断起东汉。据景卢、景宪，名字不同；使于月氏，受之来使，事实亦异。知长房所述，别出他书，非关鱼氏。此《浮屠经》之断圭零璧，盖长房亦未之见也。

录自《杂记》

《吠陀》与外道诸家

历史学者以《吠陀》为神话时代，以优波泥沙王以下外道诸家为自由思想时代云云。自由思想者，自力也。神话崇拜者，他力也。

录自《杂记》

《梨俱吠陀》无有之歌

　　《梨俱吠陀》无有之歌云："其时无死无不死，无尽无夜，独一之灵之存在，无息而自呼吸。"无死无不死者，无量寿也。无尽无夜者，无量光也。不死之梵音 amrta，则往生呪之阿密哩哆也。

录自《杂记》

释迦非否定《吠陀》者

欧人为印度学者，谓释迦牟尼受自由时代思想，否定《吠陀》经典。此于小乘法执学风略相近，大乘圆成实智相违远矣。愚意释迦乃否定外道者，非否定《吠陀》者。

录自《杂记》

支那内学院缘起

　　寐叟老人为清末通儒，不佞亲炙有年。备闻绪论，遗文未梓，本刊前曾载其一二。兹又从海日楼遗稿中，录得关于释教者数首，次于管氏维俗议之后。先辈微言，略见一斑而已。

——原编者志①

　　天发杀机，芸芸劫劫。政事学，杀机也。经济学，杀机也。文学哲学，杀机也。分析此时代人心原质，一话言，一思想，一动作，一会合，无不挟贪嗔痴三业以俱来。贪嗔痴者，杀种子欤。救贪嗔痴者，了不可以贪嗔痴，其当以清净慈悲欤。吾庚戌自皖归，即发此愿。与杨仁山居士诸君，集研究会于金陵。越辛亥而居士示灭。继居士之志者，欧阳竟无居士。既大阐瑜伽之学，观察时机，复设支那内学院，汲汲乎以自行化他为己任。章程既定，显密具备。海内外善男子、善女子、大菩萨、大长者，其亦有乐此者乎？吾涕泣道之，祷祈

---

①　该编者志为1940年《佛学半月刊》第204期之编者所加，下接《支那内学院缘起》《书〈止观科节〉后》《记〈大智度论〉后》等文，第一篇《支那内学院缘起》标题后附"沈寐叟海日楼未刻稿"之字。

以求之。嘉兴沈曾植。

书《止观科节》后

　　此书在日本《续藏经》，题曰唐法藏撰，卷后大中年间日本僧记也。书中引道邃和尚说，兼多释辅行记义。贤首卒于先天元年，荆溪生景云二年，时方二岁，辅行记书，安得见之。道邃大历中从学荆溪，更在其后，不必论矣。窃意此为日本僧从道邃之徒问而记之者，题大中年记一行是一人；义海是法藏所作两行，后署永仁六年者另是一人。永仁六年，当吾华元大德二年，其人去唐远矣。即明言书是贤首作，尚不足据。况仅言义海是法藏作，并未言此书是贤首作耶。作者不可知，但可题唐大中年间人撰耳。

　　　　　　　　　　录自《佛学半月刊》第 204 期，1940 年

记《大智度论》后

　　《梁高僧传》：鸠摩罗什雅好大乘，志在敷广。常叹曰：吾若著笔作大乘阿毗昙，非迦旃延子比也。今在秦地，深识者寡，折翮于此，将何所论，凄然而止云云。按无著造《大乘阿毗昙集论》，安慧糅之为《杂集论》，成书在罗什前，而罗什有此叹言，得非以无著宗有此论著，龙树宗尚无之为憾耶。无著《大乘阿毗昙》，以《瑜伽师地论》为正依，则依《智度论》以继罗什之志，后之学者所当致意也。

　　　　　　　　　　　　　　录自《佛学半月刊》第 204 期，1940 年

三洞本迹

　　《云笈七签·道门大论》云："三洞者，洞言通也，通元达妙，其统有三。第一洞真，第二洞元，第三洞神。洞真以不杂为义，洞元以不滞为名，洞神以不测为用。三洞所起，皆有本迹。洞真之教，以教主天宝君为迹，以混洞太无元高上玉皇之气为本。洞元之教，以教主灵宝君为迹，以赤混太无元无上玉虚之气为本。洞神之教，以教主神宝君为迹，以冥寂元无元无上玉虚之气为本也。通名宝君者，君是群义，明为群生之所尊仰也。"又："洞真法天宝君住玉清境，洞元法灵宝君住上清境，洞神法神宝君住太清境。此为三清妙境，乃三洞之根原，三宝之所立也。"按：天台宗盛言本迹，此袭其说。

录自《笔记》

道家年号

　　道家年号，自赤明、延康、龙汉而外，见于洞元《本行经》者，有土皇，在赤明以后；有上元，西方皓灵黄老君生年也；有开光，中天玉宝元灵元老君生年也。见于洞真《九真经》者，有混皇，中央黄老君生年也。见于洞真《青要》《紫霞》《金根》众经者，有中皇，青要帝君生年也。见于洞真《变化七十四方经》者，有太虚元年，南极长生司命生年也。《太上混元真录》川字号，太上以上皇元年丁卯下为周师、到无极元年癸丑、去周西度云云。

录自《笔记》

辅　　星

　　石氏《中官》引《河图》："北斗魁第一星开枢受，第二星提旋序，第三机曜绪，第四权拾取，第五玉衡枢，第六开阳纪辅星纪，第七摇光吐。"又引《洛书》曰："北斗北斗魁，第一曰天枢，第二璇星，第三机星，第四权星，第五玉衡，第六开阳，第七摇光。第一至四为魁，第六至七为杓。开阳重宝，故置辅翼。"是辅星属于开阳，是河洛图书最古之说，孟康注《汉书》，所谓辅星近第六星也。《文曜钩》《援神契》诸纬，皆有辅星，无弼星。苗为《大象赋》注，亦言辅一星，附斗第六星。《云笈七签》引道家说："北斗九星，七见二隐，第八第九，是帝星太尊精神也。内辅一星，在北斗第三星，不可见；见之长生，成圣神也。外辅一星，在北斗第六星下。"盖缘九宫之说而撰为北斗九星，又拆辅星为内外，并古所谓辅一星可见者而隐之。所谓《太上飞行九神玉经》《九真帝君九阴经》，其《七签》所本欤？《疑龙》《撼龙》皆九星，唐后之书，又道家之靡也。

录自《笔记》

五　斗

　　《九神玉经》《九阴经》，剽袭谶纬遗文，其辞犹少近古。若《度人经》，"东斗主算，西斗记名，北斗落死，南斗上生，中斗大魁，总监群灵。"则掎摭俚俗之言，向壁虚造，阴阳五行家均无是也。《搜神记》，管辂言"南斗注生，北斗注死"，是三国时俗语，已在张陵后。五斗米道，其即以此为正义欤？

录自《笔记》

章　醮

"傅说主祝章，巫官也。章，请号之声也。傅说，盖女巫也。主王后之内祭祀，以祈子孙，广求胤嗣。"《元命苞》。《占经》引。按：道家章醮之章祖此。

"楚立唐氏以为史官，苍云如蜺，围轸七蟠，中有荷斧之人，向轸而蹲。楚惊，唐史曰：君慢命，又简宗庙，以无礼见患，七国俱谋，皆怀屠君。于是立礼正推祷醮于庙堂之前，昼遗炎烟，耀于苍云，精消无文。曰唐史之策，上灭苍云，良史也。"《元命苞》。《北堂书钞》引。醮字始见于此。

录自《杂家言》

万毕　中仙

《淮南万毕术》之万毕，陈硕甫奂题长洲马钊所辑《淮南万毕术》后云："万毕，人姓名，见《史记·龟策列传》，盖八公之一。"古说盖有以为人名者。《紫阳真人仙传》："登梁山，遇淮南子，受《天关三图》；登景山，遇黄台万毕先生，受《九真中经》。"是也。刘向《列仙传》无万毕，盖厕诸淮南杂子，不以为仙。又《内传》："仙有数种，游行五岳，或造太清，役使鬼神，中仙也。或受封一山，总领鬼神，或游翔小有，群集清灵之宫，中仙之次也。"王圣与，字中仙，取此意。

录自《笔记》

孝道仙王

海琼《玉隆集·兰公传》，有孝道仙王、孝道明王、孝悌王之目。谌母受道于孝道明王，以授许、吴二真君。孝道明王之教，有真仙飞举之宗，及正一斩邪三五飞步之术云云。今按：道藏身字号，有《高上月宫太阴元君孝道仙王灵宝净明黄素书》四卷，注云："紫微右典者，少微都录灵宝净明院司。右演教传，飞卿解，有九老帝君神印，总论黄素之法相次。"发字号又有《高明太史神功妙济真君许旌阳释太上灵宝净明飞仙度人经法》五卷，《释例》一卷，其即谌母所授欤？世皆知《黄庭》内外，传自魏华存，而罕知《灵宝净明》传之谌母也。《传》又云："始气为大道，于日中为孝道仙王；元炁为至道，于月中为孝道明王；玄气为孝道，于斗中为孝悌王。"云云。书所以称月宫太阴元君欤？《玉隆集》说本于《墉城集仙录》。许真君为高明大使，亦见《录》中。又云："其孝道之法，与《灵宝》小异，豫章人世世行之。"《洞仙传》："冯伯达者，豫章南昌人。世奉孝道，精进济物。道民陈辞得旨，与戴矜生相似。宋元嘉时人。"

录自《笔记》

《天官历包元太平经》

　　《前汉·李寻传》："成帝时，齐人甘忠可诈造《天官历包元太平经》十二卷，以言汉家逢天地之大终，当更受命于天。天帝使真人赤精子下教我此道。忠可以教重平夏贺良、容邱丁广世、东郡郭昌等。中垒校尉刘向奏忠可假鬼神罔上惑众，下狱治服，未断，病死。后贺良等复私以相教。哀帝初立，司隶校尉解光得幸，白贺良等所挟忠可书。郭昌为长安令，劝寻宜助贺良等。寻遂白贺良等皆待诏黄门，数召见，陈说汉历中衰，当受命，以建平二年为太初元年，号曰陈圣刘太平皇帝，漏刻以百二十为度。贺良等皆伏诛，寻及解光减免一等，徙敦煌郡。"云云。甘忠可齐人，传《太平经》者亦皆齐人，于吉之《太平经》，殆忠可之传也。

录自《笔记》

《太平经》

　　《宋·艺文志》，道家襄楷《太平经》一百七十卷。是《太平经》旧本有题襄楷者，可与《后汉书·楷传》相证。

　　唐僧法琳《辨正论》，征引道书甚繁博，且多为今道藏所无者。其论《太平经》云："道经除《道德》二篇、《西昇》一卷，又有《黄庭内景》之论，自余诸经，咸是伪修。又有《太平经》一百八十卷，是蜀人于吉所造。此人善避形迹，不甚苦录佛经，多说帝王理国诸法，阴阳生化之理，皆编甲子，为其部帙。"又论灵文分散谬云："《灵宝诸天灵书度命妙经》，称天尊言，大劫交周，天崩地沦，欲界之内，杂法普灭，无有遗余。《太平道经》《佛说法华大小品经》，周游上下十八天中，在色界之内。至大劫交周，天地改废，其文乃没。惟《玉清上道三洞神经》《真文金书玉字灵宝真经》，并出元始，处于二十八天无色界之上，大劫周时，并还天上，大罗天中，玉京之山，七宝玄台，灾所不及。"云云。据此则《灵宝》为真经，《太平》为杂经，盖即后来三洞四辅之意。《灵宝》为元始说，而《太平》为老君所授也，又《十喻篇》："外曰：老子降迹周王之代，三隐三显，五百余年。开士曰：检诸史正典，无三隐三显出没之文，惟臧竞、诸操等考义例云，为孔说仁义礼乐之本，为一时。赧王之世，千室疾病，老君授百八十戒，并《太平经》一百七十篇，为二时。至汉安帝时，授张天师正一明威之教，于时自称周之柱史，为三时也。"此则《太平》出于周末，于吉乃远在甘忠可前，宜其不杂佛书矣。牟子《理惑论》："问曰，王乔、赤松八仙之箓，《神书》百七十卷，长生之事，与佛同乎？曰：焉得同。"按：《论》所谓《神书》百七十卷，书名卷数，正与《襄楷传》注所称于吉书同，则《太平经》已传及交州矣。《序》称："灵帝崩后，天下扰乱，独交州粗安，北方异人，咸来在焉，多为神仙辟谷之术。牟子难之，道家术士，莫敢对焉。"所谓北方异人者，于吉之徒欤？《太平御览》引《道学传》："桓闿，字音舒，东海丹徒人也。梁初，昆仑山渚平沙中，有三古漆笥，内有黄素写于君所出《太平经》三部。村人惊异，于经所起静供养，先呈陶隐居。隐居云：此真于君古本。闿将经至都，便苦劳疟，诸治不愈。陶隐居闻云：此病非余，恐取经为咎。何不送经还本。即依二日送，寻愈。"又引《真诰》："陶隐居手为经题《握中秘诀》，惟传孙韬与桓闿二人。"

中黄太一

　　《三国志·太祖纪》："光和末，迁为济南相，禁断淫祀，奸宄逃窜。"裴注引《魏书》："初，城阳景王刘章以有功于汉，故其国为立祠。青州诸郡转相仿效，济南尤甚，至六百余祠。贾人或假二千石舆服导从作倡乐，奢侈日盛，民坐贫穷。历世长吏无敢禁绝者。太祖到，皆毁坏祠屋，止绝官吏不得祠祀。及至秉政，遂除奸邪鬼神之事。世之淫祀，由此遂绝。"又引《魏书》："黄巾与太祖书曰：昔在济南，毁坏神坛，其道乃与中黄太乙同。似若知道，今更迷惑。汉行已尽，黄家当立。天之大运，非君才力所能存也。"《龟山元箓》有东明南光西精北元中黄等符，道藏太平部有《太上灵宝净明中黄八柱经》，解题云："中黄之道，黄庭之景，虚四谷，塞二兑，开二洞，立八柱。"云云。《魏志·文帝纪》裴注引《孝经中黄谶》曰"载东绝火光不横"云云。则中黄之目，起自纬书也。太一之名，则诸纬皆称之。

录自《笔记》

道经原始

　　《辨正论》八云："《黄庭》《元阳》，以道换佛。张陵创造《灵宝》，以吴赤乌之年始出。其《上清》起于葛玄，宋、齐之间乃行。鲍静造《三皇经》，当时事露而寝。文成致戮于汉朝，鲍氏灭族于往昔。"北周僧道安《二教论》叙述大同。"《黄庭》《元阳》"下，有"采撮法华"四字，"以道换佛"下，有"改用尤拙"四字。鲍静彼作鲍靖，云"晋元康，鲍靖造《三皇经》被诛，后人讳之，改为《三洞》。真名虽变，其体尤存。犹明三皇，以为宗极。"今按：《续古今佛道论衡》，贞观中亦有三皇斋狱事。按：《元阳经》在今道藏日字号《太上三十六部尊经》中。又皇字号有《太上灵宝元阳妙经》，未知即法琳所称否？鲍静与南海太守名相涉，或疑一人。然《晋书》靓有传，言百余岁而终，无被祸事。《云笈七签》："《三皇经》说，晋武帝时，有晋陵鲍靓，官至南海太守。少好仙道，以晋元康二年二月二日登嵩高山，入石室清斋，忽见古三皇文，皆刻石为字。尔时未有师，靓乃依法以四百尺绢，盟而受之。后传葛稚川，支胤相传，至于今日。"然则鲍静真是鲍靓也。《二教论·明典真伪篇》云："上清三洞，号曰幽深，《灵宝》禁经，天文玉字，彼宗尊尚，实皆出自张、葛之徒。"按：张鲁《蜀记》，凡有二十四治，而阳平一治，最为大者。今道士上章，及奏符厌，皆称阳平，重其本也。以《上清》为《洞玄》，《灵宝》为《洞真》，《三皇》为《洞神》，故称三洞。三皇即鲍靖所造。《七签》三洞经教部云："其经题目，《洞神》即云《洞神》，《三皇洞玄》即云《洞玄》，《灵宝洞真》即杂题诸名。"唐大白马寺僧玄嶷—作唐佛授记寺《甄正论》上云："三洞之名，拟佛经三藏。《洞真》者，学佛法大乘经，诠法体实相。《洞玄》者，说理契真。《洞神》者，符禁章醮之类。今考核三洞经文，惟《老子》两卷，微契《洞玄》之目。其《洞真》部，即是《灵宝》经数，并是近代吴、宋、齐、梁四朝道士葛玄、《七签》四："太极真人徐来勒以己卯年正月降天台，传《灵宝经》以授葛玄。"又："许迈师南海太守鲍靓，受《上清》诸经。"与此不同宋文明、陆修静及顾欢等伪造，咸无典实。其《洞神》一部，后汉末蜀人张道陵，自云于峨眉山修道证果，老子从紫微宫下降，授道陵天师之任，及符禁章醮役召鬼神之术。道陵乃自伪造道经数百卷，经中叙道陵与天尊相对说经，经文多云天师道陵曰。晋武平吴之后，道陵经法始流传江左，文明等于道陵所造伪经之中，创制义疏，以解释之。因此更造伪经，以增其数。"云云。此说与《二教论》相发而微异。隋、唐之间，三洞部次，似与李渤所述稍异。今道藏目同于李渤，《七签》序三洞经教部，以三洞四辅为七部，标其首云："七部者，今依《正一经》次。"然则渤与君房，皆宗《正一》也。

　　　　　　　　　　　　　　　　录自《笔记》

鲍靓兵解

　　《云笈七签》八十五《尸解篇》中，鲍靓次栾巴、王嘉后，叙事不明，颇与吴猛、左慈诸传不类。而所谓造剑尸解法者，亦似含有兵解尸解两意。《太平御览》道部尸解引《神仙传》云："鲍靓，字太玄，……葛洪妻父阴君授其尸解法。一说云：靓，上党人，汉司隶鲍宣之后。修身养性，年过七十而解去。有徐宁者，师事靓，宁夜闻靓室有琴声而问焉。答曰：嵇叔夜昔示迹东市，而实兵解耳。"以叔夜为喻，则兵解信已。《真诰》论司马季主事云："《诰》言季主咽虹液而头足异处，《剑经》注云吞刀圭而虫流，今东卿说云，托形枕席，为代己之像，似当是录形灵丸兵解去。汉史既不载其终，无以别测。"陶所谓录形灵丸者，即《七签·尸解篇》首《太极真人石精金光藏景录形经法》也。《真诰》紫阳真人示云："鲍靓所受学，本自薄浅，质又挠滞，故不得多。"此似指《三皇内文》而言。陶注云："鲍尔通神，而敦尚房中之事，故云挠滞。鲍后用阴君《太玄阴生符》为太清尸解之法。"按："《阴生符》亦在《七签·尸解篇》中。又《真诰》十四，保命君告云：鲍靓因吾属长史，鼠子辈既尔，可语郡守令得反。"陶注云："鼠子恐是鲍靓小字。鲍为南海郡，仍解化，儿辈未得归都，所以属之。鲍即许先生师也。"详此鬼语颇凄咽，似被祸后词。陶注语亦蕴藉，应是不欲察言。《辨正论》说，未必无因。第既有儿辈，所云族灭者误耳。

录自《笔记》

《太平素经》

　　《佛祖统纪》："北魏神瑞二年，老君降于嵩山，授道士寇谦之经，戒曰：自张道陵世，地上旷职至今，授汝天师之任，清整道教，开化群生，除削三张租米税钱之弊，男女合气之术。后二年，老君遣玄孙上师真人李普文授《太平素经图箓》百六十卷，辅佐北方太平真君。"按：此《太平素经图箓》百六十卷，盖即于吉之《太平经》百七十卷，六字当是七字之误，或谦之所得不全乎？今道藏所存《太平经》图类甚多，故谓之《图箓》。《太平经》以甲乙丙丁戊己庚辛壬癸分部，各十七卷，与唐僧法琳所言编甲子为部帙者合。则今道藏本即法琳所见之本。牟融称《神书》百七十篇，则谦之所授，即汉世传本也。《太平经》是老子为于吉说，故谦之称老子玄孙李普文授之。于时三张之徒崇《灵宝》，谦之盖欲以《太平》胜之。

录自《笔记》

法琳所说伪撰道经者

传云："释教翻译，时代炳然，文史备章，黎民不惑。至于道籍，斯则不然。《老子》二篇，李聃躬阐。自余经教，制自凡情。何者？前汉时王褒《真灵位业图》："右辅小有洞天太素清虚真人四司三元右保王公。注云：讳褒，魏夫人师下教矣。"称王公而不名，与称天师不名同。造《洞玄经》，后汉时张陵造《灵宝经》及《章醮》等二十四卷，吴时葛孝先造《上清经》，晋时道士王浮造《明威化胡经》，又鲍静造《三皇经》，后改为《三清经》，齐时道士陈显明《南岳小录》："陈真人惠度，居古玉清宫，齐武帝永明二年，得道上升。"未知与显明是一是二？造六十四卷《真步虚经》，梁时陶弘景造《太清经》及《章醮仪》十卷。后周武帝灭二教，时有华州前道士张宾，诏授本州刺史，长安前道士焦子顺，一名道抗，选得开府扶风令，前道士马翼、雍州别驾李运等四人，以天和五年于华州故城内守真寺挑揽佛经，造道家伪经一千余卷。时万年县人索皎装潢，但是甄鸾笑道处，尽改除之。大业末，五通观道士辅慧祥，三年不言，因改《涅槃经》为《长安经》，为卫文身奏戮。"按：陈显明六十四卷《真步虚经》，不惟今道藏无此书，《通志略》亦无之。天师《章醮》二十四卷，陶弘景《章醮仪》十卷，当为道家之金科玉律，今亦不存。意其散入杜光庭、林灵素书乎？数典忘祖，道士之陋，盖至近世益甚，又非隋、唐时比也。

法琳又论道书篇卷云："甄鸾《笑道论》言，道家妄注诸子书三百五十卷为道经。又检《玄都目录》，妄取《艺文志》书名，矫注八百八十四卷为道经。据此代代穿凿，狂简实繁，人人妄造，斐然盈贯。琳又按：后汉明帝永平十四年，道士褚善信等请与佛法觕试，总将道家经书合三十七部七百四十四卷，就中五百九卷是道经，余二百三十五卷是诸子书。又按：晋葛洪《神仙传》云，老教所有度世消灾之法，凡九百三十卷，符书等七十卷，总一千卷。又宋太始七年，道士陆修静答明帝云，道家经书并药方呪符图等，总一千二百二十八卷，云一千九十卷已行于世，一百三十八卷犹隐在天宫。按：今《玄都目录》云，依陆修静所上目，今乃言有六千三百六十三卷，云二千四十卷，见有其本，四千三百二十三卷，并未见本。以此详检，事迹可知。如取汉帝校量，便应七百余卷。约葛洪《神仙》之说，仅有一千。准修静所上目中过之五十。《玄都目录》，转复弥多。既其先后不同，足知虚妄明矣。增加卷轴，添足篇章，依傍佛经，改头换尾，或道名山自出，时唱仙洞飞来。何乃黄领独知，英贤不识？请问当今道士，推勘后出之经。为是老子别陈？为是天尊更识？若其说也，应有时方。为是何代何邦？何年何月？"云云。按：百家众说，代有增加，理所当然，独道家三洞，托于太上，或曰天尊，层出不穷，强摹释典。此则王灵期辈浅见拙谋，一经指摘，遂致索然杜口耳。唐、宋以来，造经渐少。而名山仙洞，符诀时章，钟吕斗雷，箕坛密嗳，道藏增加，犹存余习也。阮氏《七录》，仙道录分经戒、服饵、房中、符图四部。经戒二百九十种、八百二十八卷，符图七十种、一百三十卷。二部合为九百五十八卷，四部共四百二十五种、一千一百八十三卷，略与修静之数相当，意即本之陆目。第一百二百、三十二十，数有小差，或传写字误。则阮数即陆数，亦未可知。

录自《笔记》

《道学传》

　　《御览》道部八道士门，引《道学传》燕济、鲍靓、王嘉、严遵、王远、庾承先、薛玉宝、宗超、张裕、钱妙真、孟景翼、刘法先、张诜、陈景尚、桓闿、曹宝、严智明，徐师子十八人。次以《太平经》严寄之、郗愔、张孝秀、许思玄、任敦尚、陆纳、蒋负刍、杨超、诸慧开、濮阳许迈、褚伯玉、张陵、龙威丈人、陶弘景、成公兴、孟道养、吴猛、钱妙真、孔灵产、张绎、宋文同、王遂起二十二人。《太平经》不应载及齐、梁间道士，疑后二十二人亦《道学传》文，误写作《太平经》也。《隋·经籍志》：《道学传》二十卷，不著撰人。《旧唐志》：《学道传》二十卷，马枢撰。《新志》：《道学传》十二卷，马枢撰。《旧志》书名字倒，《新志》殆卷数字倒也。按：《新书·艺文志》亦作《学道传》。《广记》目无此书，《崇文书目》《通志略》亦无之，则书亡来已久，故所录诸人，后来道家罕述举者，今摘其名以备寻考。蒋刻《陶隐居集》，附录山世受经法见于碑刻者十二人名。第一，上清弟子华阳前馆主吴郡海盐陆逸仲。即《云笈七签》真系所称隐居弟子数十人惟王远知、陆逸仲称上足者也。诸本皆作逸冲，仲盖字误。第五，宗元前馆主东海剡县杨超远。即《御览》杨超，字超

远，为隐居入室弟子者也。贾嵩《陶隐居传》云："有女子姓钱，亦
居华阳，师事先生，授经及符图。忽一日辞先生。问何之？曰，上
宾于金阙。先生曰，吾门人先吾去者数矣。钱曰，师当为蓬莱都水
监。"即《御览》钱妙真也。第三，四明山馆主会稽潘文盛。见《真诰》廿
卷。《真诰》十一："大茅东西有涧水，有晋末得道者任敦居处，合药
□墌犹存，今有薛彪数人居之。又有朱法永。"云云。任敦、薛彪见
此。《太平寰宇记》："福州闽县西北有昇山，临海人任敦于此升仙，
其遗址有洗药池、任公台尚在。"蒋负刍亦见《真诰》。庾承先、张
孝秀，皆见《南史·隐逸传》。马枢见《南史·隐逸传》，梁、陈间
人。李渤《真系》、《陶隐居传》引马枢《得道传》，则枢在渤前。

录自《笔记》

杜 昺

《洞仙·杜昺传》与《南史·杜京产传》，于道家本末，颇有关系。《洞仙》言："昺叹人鬼淆乱，非正一之道，无以治之，乃师余杭陈文子学治，为正一弟子。救治有效，百姓咸附。神人夜降，称张镇南，授诸秘要方，阳平治归化如云，十年之间，操米户数万。谢安、桓温并从占问。"按其情状，盛势可知。东州正一之兴，殆由杜氏。张镇南者，称张鲁也。昺字叔恭，《辨惑论》所谓杜恭困于魔蟒者，当即指昺。据《晋书·孙恩传》，孙泰为昺弟子，因其众以作乱，在昺卒后。而《洞仙传》言"孙泰以妖惑陷咎，祸延者众。昺忽弥日聚集，纵乐无度，救治凶具"云云。则泰死乃在昺前。且叙昺死词颇隐约，颇疑昺惧祸自死，魔蟒之说，由此致之矣。孙泰事详《通鉴》晋安帝隆安二年。昺言于桓温，卢竦协东冶老木之精，炫惑百姓，比当逼掫宫阙，然后乃死耳。卢竦事见《通鉴》晋简文帝咸安二年。据所谓协东冶老木之精，又云竦尝自称先生，常从弟子三百余人，是其煽惑，盖在闽中。《辨惑论》所谓闽疆留种民之秽，殆东冶老木之遗孽耳。

《宋书》沈约自序，其曾祖穆夫事杜子恭、后为孙恩驱迫被祸事，可与《洞仙传》参。盖孙泰被诛，孙恩暴悖，子恭不复能制，故以一死保其族。素书付妻，若有灾异开示，子孙修德自守，亦是此意。东土豪族多被祸，而杜氏独完，则子恭贻谋之智也。

符融诛孟钦，姚苌杀王嘉，道子戮孙泰，黄巾之事未远，当途恒有戒心。佞道者虽多，而猜忌固不免也。昺先白桓温，卢竦当乱，素书复以黄巾为譬。意当时人皆谅之，然使不死，固无自免之道也。

《真诰》叙《上清经》始末云："元宁三年，许黄民奉经入剡，为东阐马朗家供养。钱唐杜道鞠，即居士京产之父也。道业富盛，数相招致。元嘉六年，许丞分持经传及杂书自随，至杜家。丞寻过世所赍者，因留杜家，即今世上诸经书悉是也。"据此则杜氏与杨、许之业，亦有关涉。

录自《笔记》

王灵期

　　《二教论》："涂炭斋者，事起张鲁。驴辗泥中，黄土涂面，摘头悬掃，埏埴使熟。至义熙初，有王灵期，省去打拍。吴陆修静犹泥额悬头，反缚而已。"又玄光《辨惑论》："道士称先生、道民、仙公，秣陵县民王灵期作也。"王灵期与陆修静同时，于斋法名称，多所更改，是亦晋末道士中表表者。《真诰·翼真检》，具其行事，诋之甚力。盖王与陆异，陶祖陆，故绌王也。然右军、谢傅，已称道民。谓道民之称，起自灵期，亦不谛之论耳。

录自《笔记》

宋文明

　　《甄正论》云："《玉字金书》者，经云，天尊于玉京玄都，说经既毕，诸天真人，编玉为字，以写其文。一说，《玉字》者，是诸天书名。金书者，镂金为字。今道士所受法真文及上清，其词皆以玉字为文，其字似小篆，非小篆。道家明真行道，于坛五方，各写一真文，其文书作玉字。宋文明等作隶书以译之。据文明此状，益彰字伪。若玉字本是诸天真人所书，文明是近代道士，与集经真人不相交接，如何文明能识玉字，而译以隶书？即彰玉字是文明所作，改篆书体，伪立玉字之名，所以自以隶书易其篆体。以此验之，皎然可悉。"云云。按：《七签》卷七，释本文三十三条，皆《玉字金书》之类也。道藏中若张万福《度人经大梵隐语》，若《灵宝诸天内音自然玉字》等书，亦皆此类。第多唐以后书，未见宋文明所著。据《七签》说三元八会六书之法条，引宋法师解："八会只是三气五德；三元者，一曰混洞太无元高上玉皇之气，二曰赤混太无元无上玉虚之气，三曰冥寂玄通元无上玉虚之气；五德者，即三元所有五会，即阴阳和，阴有少阴太阴，阳有太阳少阳，就和中之和为五德也。"又八显条云："一曰天书，八会是也；二曰神书，云篆是也；三曰地书，龙凤之象也；四曰内书，龟龙鱼鸟所吐也；五曰外书，毛羽麟甲所载也；六曰鬼书，杂体微非人所解也；七曰中夏书，草艺云篆是也；八曰戎夷书，类于昆虫者也。此六文八体，或今字同古，或古字同今，符采交加，合为一用，共成一法，故同异无定也。此依宋法师解，未见正文。"云云。此二条盖皆文明之说。《太平御览》道部八引《道学传》："宋文同，字文明，吴郡人也。梁简文时，文明以道家诸经，莫不敷释，撰《灵宝经义疏题目》，谓之通门。又作《大义》，渊学者宗赖，四方延请。长于著述，讷于口辞。"详此，则文明与陶隐居同时。隐居不喜《灵宝》，而文明宣明《灵宝》，趣尚不同，要其为道家大师一也。《隋书》独举隐居，文明之业，乃转赖法琳、玄嶷抨击以传。宋张君相《道德经集解》三十家中，有宋文明一家。君相书即今刻行顾欢《疏》也。

录自《笔记》

陶隐居

　　《甄正论》下："自开辟已来，至于晋末，原无戴班谷之冠，披黄衫之帔，习《灵宝》之经，立天尊之像，称为道士者。吴赤乌年，术人葛玄，上书孙权云：佛法是西域之典，中国先有道教，请宏其法。始置一馆，此今观之滥觞也。玄又伪造道经，自称太极左仙公，目所造经曰《仙公请问经》。《真诰》十二："紫阳答许掾云：葛玄善于变化，而拙于用身，今正得不死而已，非仙人也。"陶注云："既未得受职，止是地仙耳，《灵宝》所云太极左仙公，于期妄乎？"宋文明等更增其法，造九等斋仪，七部科箓，修朝礼上香之文，行道坛箓服之式，衣服冠履之制，跪拜折旋之容。行其道者，始断婚娶，禁荤辛。又伪造《灵宝经》若干卷。后陆修静更立衣服之号，月帔星巾，霓裳霞袖，九光宝盖，十绝灵幡。梁武初年，颇为所惑。其后舍道下诏，修静出奔北齐。丹阳陶宏景，身为道士，心依佛法。于所居地，起塔图佛，亲自供养，号曰胜力菩萨。重制冠服，改馆为观，行黄帝老子之教。恶《灵宝》法伪，鄙而不行，手著论以非之，深为梁武所器。"按：此文叙道法由来，最为委备。张陵之法，扩于葛玄；葛玄之法，裁于宏景。自唐以后，宏景之道大行于世，伪鄙之仪，荒诞之说，浸以废灭。陶氏一派，非无力也。《真诰》二十王灵期一条，足为陶氏恶《灵宝》之证。其言云："灵期才思绮拔，志规敷道，见葛巢甫造构《灵宝》，风教大行，深所忿嫉。乃就许丞求受上经，得后寻究，知至法不可宣行，要言难以显泄，乃窃加损益，盛其藻丽，依王、魏诸传题目，开张制造，以备其录，并增重诡信，诡字或作脆，《广韵》诡字注："诈也。"又："横射物为诡遇。"崇贵其道，凡五十余篇。趋竞之徒，闻其丰博，互来宗禀。传写既广，枝叶繁杂。新旧混淆，未易甄别。褚伯玉语人云，天下才性人故自绝群，吾与王灵期同船发都，至顿破岗埭，竟便作得两卷上经，实自可讶。今世中相传流布，京师及江东数郡，略无人不有，但江外尚未多尔。自灵期已前，上经已往往舛杂，灵期既独擅新奇，举世宗奉，遂托云真嗳，非复先本。许见卷帙华广，诡信丰厚，门徒殷盛，金帛充积，亦复莫测其然。乃鄙闭自有之书，而就王求写。于是合迹俱宣，同声相赞，故致许、王齐辔，真伪比踪，承流向风，千里而至。后许丞之子荣弟，亦以灵期之经唱导。又皆注经后云，某年某月某真人授许远游，人亦初无疑悟者。"云云。《真诰》此章，叙伪经极详。俞理初指《笑道论》为僧徒妒娼嗔戾之言，此章出自道家，乃与僧徒《甄正论》若合符节，则事实之不可掩者也。葛巢甫者，葛洪从孙。晋隆安元年，以葛玄所传《灵宝》及三洞诸经，传道士任延庆、徐灵期，遂行于世。见《七签·三洞经序》中。隐居以造构《灵宝》属巢甫，犹为葛玄讳也。

《桓真人升仙记》，桓仙君说隐居四非，其一曰："求真不一，潜神二门，言菩提行，修西天记，作往生文，道释并修，则上帝不用也。"此道家之不满于隐居者之言。

录自《笔记》

道教外国师

　　《辨正论》二："葛仙公云：我师波阅宗字维那诃，西域人也。不云师天尊。"按:《云笈七签》,《道教相承次第録》,第二十一代灵寿光。《后汉书·华佗传》末，附泠寿光、唐虞、鲁女生三人。泠寿光即灵寿光也。注云：本外国人。其人在左慈后，葛玄先。盖魏晋之间，西域九十六种外道，有入中国羼入教者矣。《真诰》一：杨君记男真二十三人名位，阳洛真人领西归传，淳于太元西域人。《太平御览》引《真人传》，马明生本姓帛，名和，字君贤。《五千文解节中经序》：道谓泥洹，君名谓脾，母为丹田。其说剧异，既非胎息恒言，又非取佛经为之，而甚近于外道神我之说。泥洹以释道，恒沙纪数，诸凡增饰，《五千》先于《灵宝》《上清》也。

录自《笔记》

道士学佛

《真诰》十四："周真人有十五人弟子，四人解佛法。"陶注："入室弟子王玮、辛达、李建道、帛法坚。"又："桐柏有二十五人弟子，八人学佛。"陶注云："入室弟子于宏智、竺法灵、郑文成、陈玄子。此当略举标胜耳。辛、帛、于、竺，皆似胡姓也，当是学佛弟子也。"此条亦足与前外国师条相证。紫阳、桐柏皆高真，而以学佛解佛法者为入室弟子，可知传经解经，所资于佛经多矣。桐柏为周王子晋，其弟子已学佛。则秦大夫阮仓知有佛，不足异也。此乃戏论。诸人当为下教弟子，正如三茅君与杨、许耳。《姓氏辨证》："安本姬姓，国于安息。"《位业图》："九华真妃姓安。"其安息女真乎？

录自《笔记》

沙门智稜

　　《佛祖统纪》三十七《法门通塞志》，引《僧镜录》："梁沙门智稜，善《涅槃》《净名》，尤通《庄》《老》。后值寇还俗，道士孟悉达劝为黄冠。见道家诸经，略无宗旨，遂引佛教为之润色，解《西昇》《妙真》诸经义，皆自稜始。武帝未舍道教时，引稜于五明殿竖义。暮年为诸道士讲《西昇经》，忽失音舌卷，于座上委顿而毙，众以为叛教之报。"按：此以释经润色道经，章章可指者。

录自《笔记》

释家丹田

　　道家说丹田，释家亦言之。《翻译名义集》："优陀那，《天台禅门》云：此云丹田，去脐下二寸半。《大论》云：如人语时，口中风出，名优陀那。此风出已，还入至脐。偈云：风名优陀那，触脐而上去，是风触七处，顶及龂齿唇，舌喉及以胸，是中语言生。"今按《唐梵语杂名》，肚曰汗娜倭音夕啰啰。啰啰即优陀那，肚即指丹田也。《唯识论》第八，识有七名，二曰阿陀那。或亦优陀那异写未可知。

录自《笔记》

杜乂鍊师

　　《南部新书》戊："天后朝，道士杜乂、回心求愿为僧，敕许剃染配佛授记，寺名玄嶷，敕赐三十夏。以其乍入法流，须居下位，苟赐虚腊，则顿为老成也。赐夏腊始于此矣。"按：玄嶷，《宋高僧传》有传，在护法部中。其道名曰杜乂鍊师，而不书赐夏腊事。牝朝横恩，盖其徒讳之。《佛祖统纪·法运通塞志》，纪此于万岁通天元年。志磐论之曰："佛制受戒以先后为次序，玄嶷以新戒而居三十夏僧之上，虽曰国恩，实违佛制。厥后刘总赐五十夏，梁令因赐三十腊，皆本于此日之非法也。"味《新书》"赐夏腊始于此矣"一语，盖唐世僧议与志磐同。唐祖玄元，则天以天授元年革唐命，改国号。其次年即敕改唐太庙为享德庙，令释教在道法之上，僧尼处道士女冠之前。玄嶷本弘道观主，去道归僧，宜为金轮非常宠奖。赞宁《传》系曰："知彼敌情，资乎乡导。"得其情已。

录自《笔记》

泉　郎

　　《舆地纪胜》：泉州景物引《寰宇记》云："泉郎即此州夷户，亦曰游艇子，即卢循之余。循为刘裕所灭，遗种散居山海，唐武德初招抚之，使自相统摄，不为寇盗。"云云。按：卢循所据交、广，史不言其寇闽。此泉郎疑即《辨惑论》所谓闽疆种民，非卢循之余，乃卢悚之余耳。

录自《笔记》

道藏权舆

　　《续高僧传》二十《唐润州牛头释法融传》："丹阳南牛头山佛窟寺，现有辟支佛窟，故得名焉。有七藏经书，一佛经，二道书，三佛经史，四俗经史，五医方图符。昔宋初刘司空造寺，其家巨富，用访写之，永镇山寺，相传守护。贞观十九年，毁于火。"此第二藏道书，写自宋初，尚在陆修静前，当为道藏权舆之始。唐太清宫《道藏经目录碑》，在京兆县，秦守正书，赵盈篆额，太和二年立。见《宝刻丛编》。

录自《笔记》

道书目录

　　释家目录最完，道书目录，自明以前，遂无古书可纪。独郑氏《通志》分道书为二十三类，第七为目录。录之于此，以待考核。《隋朝道书总目》四卷。注：经戒三百一部，饵服四十六部，房中十三部，符录十七部。《隋志》同。《唐朝道藏音义目录》一百十三卷。按：此即史崇元、薛稷所撰者。今道藏仅存序一卷，《旧唐书》录道家，以《老子》、《庄子》、道释诸说为三类，未知何据。《宋朝明道宫道藏目录》六卷。《洞元部道经目录》一卷。《太疑当作洞真部道经目录》二卷。《洞神部道经目录》一卷。《三洞四辅部经目录》七卷。王钦若等撰。《灵宝经目序》一卷。陆修静撰。《道藏经目》七卷。《修真秘旨事目历》一卷。司马道隐撰。《开元道经目》一卷。《郡斋读书志道藏书目》一卷。晁氏曰：皇朝邓自和撰。大洞真部八十一袠，灵宝洞元部九十袠，太上洞神部三十袠，太真部九十六袠，太平部十六袠，正一部三十六袠，凡六部三百一十一袠。《补元史艺文志》，道藏经七千八百余袠。披云子刻于平阳府。《道藏阙经目》二卷。《山西通志》：昊天观在太原县西，元元贞年建。东崖有石龛八，道者姓宋号披云子凿。"元道士朱象先《文始真经注序》："宋徽宗大宏玄教，政和中，雕镂藏经，诏搜道门隐书，督责郡县，进者加赏，而此书不出。岁癸巳，羽客张仲才乃得是，上于清和典教披云天师，刊镂藏经，即补入藏室，称为《文始真经》。"癸巳为元太宗五年，当宋理宗绍定六年、金哀宗天兴元年。《崇文总目》九类五百四十五部，不言铨次之义。

录自《笔记》

《天地宫府图》

　　司马紫微《天地宫府图》二卷，载《云笈七签》中。序十大洞天、三十六小洞天、七十二福地、二十八治所在。据其自序云："披纂经文，据立图象，方知朕兆，庶觌希夷。则临目内思，驰心有诣，端形外竭，望景无差。"盖集录真经所载，以《括地志》注其所在。《御览》书目，有《道书福地记》。道藏肆字号，有《受箓次第法信仪》，注云："十三世孙梁武陵王府参军张辩撰。内言二十八宿、二十四治。"其紫微书所本欤？《开元占经》有《二十八宿山经》，道流拟之，以二十八治上准二十八宿，摹拟之迹显然。法琳《别传》云："后汉顺帝时，沛郡张陵，客游蜀土，闻诸古老云：昔汉高祖应二十四气，祭二十四山，遂王有天下。陵不自度德，遂构此谋，杀牛祭祀，二十四所，置以土坛，藏以草屋，构二十四治馆。治馆之兴，始乎此也。二十三所，在于蜀地。尹喜一所，置此咸阳。"云云。此与鄙说相应。法琳先尝为道士，读道书，论虽排讦，然《二十四治图序》，言汉安元年老子降赤石城中所立。则固顺帝时也。司马氏图，二十三治皆在蜀，一北邙治在洛阳，而尹喜主鹤鸣治。与法琳说不合，盖又经改定矣。

录自《笔记》

霍山是司命府

　　《华阳陶隐居内传》云："先生既炼丹不成，以为营非常事，宜声迹旷绝，而华阳密迩朝市，常思遐遁。建晋改服易氏，上东阳停长山，入楠溪。山良可居，而连岁不谐。乃曰：常闻《五岳图》云，霍山是司命府，必神仙所都，贾氏原注："名山记云：霍山在罗江县，高三千四百丈，上方八百里，东卿司命茅君所居。"乃自海道往焉。过牛岑，出海口，东往扶桑，慨然叹息。霍山连络当六七百里，隐隐如阵，岩嵧峻拔，迥异他处。先生足蹑灵境，心注玄关，大有灵应感对，事秘不书。以人稀田寡，复以无糠为患，复自海道还永嘉。至木溜，欲营居，而上使司徒慧明迎还旧岭。"云云。邵陵王碑文所谓"天监已来，信问复通，渥泽深思，莫与之比。先生七年暂□南岳。兹山也，辟阆风之地轴，若崑陵之天镇。八柱旁临，九纯间设。树有琅玕，草木车骑。遗世独往，是用忘归。十一年，有敕遣左右司徒惠明征先生还茅山"，即此事也。据碑文，则此霍山，道家亦称南岳。据贾注，霍山在罗江。《真诰》十三，亦称"罗江大霍有洞台，中有五色隐芝，是南真及司命所住之处"。《晋志》，罗江属晋安。李申耆谓在今闽县北。以《寰宇记》诸书核之，则《陶传》霍山，即司马承祯《天地宫府图》所称三十六洞天中之第一霍桐山洞，又名霍林洞天，在福州长溪县属者。于《一统志》则今福宁府宁德县之霍桐山也。《寰宇记》称："霍桐山，昔仙人霍童游处，亦曰游仙山。天宝六载，敕改为霍童山。"《三山志》："沛国王元甫、吴郡邓伯元、吴郡褚伯玉，皆于此修白霞丹景之法。"按《真诰》十四，"霍山中有道者邓伯元、王元，受服青精石饭吞日丹景之法，用思洞房，积三十四年，乃内见五藏，冥中夜书，以今年正月五日驾云登天"。其事在兴宁乙丑。又二十卷："褚先生伯玉居南霍，游行诸山。"与《三山志》相应。综陶氏诸书，称南岳，称霍山，称南霍，称大霍，皆指闽山。而淮南霍山则称为庐江潜山，绝不相浑。岂陶氏所承师说，霍山为南岳，乃在闽不在灊耶？南岳衡霍，本地理家聚讼之端。灊有霍山为南岳，闽亦有霍山为南岳，此则前人未经拈出者。余今拈出，不又为地理家增一疑案耶？郭景纯注《尔雅》霍山为南岳，云："汉武以衡山辽旷，因谶纬皆以霍山为南岳，故移其神于此。今其土俗人皆呼之为南岳，南岳本自以两山得名，非从近也。而学者多言霍山不得为南岳，又言从汉武帝始名之。如此言，汉武在《尔雅》前乎？斯不然已。"味郭语，盖谓武帝在《尔雅》后，而谶纬在《尔雅》前，霍名南岳，由来已久。至其注《山海经》，《中山经》霍山下云："今平阳永安县，庐江灊县，晋安罗江县，河南巩县，皆有霍山。明山以霍名者非一矣。《尔雅》：大山绕小山为霍。"此注永安霍山，而列举灊县、罗江、巩县皆有霍山，意若谓不得见霍即尊为岳者。郭氏通谶纬，习道家言，意自葛玄、葛洪以来，已有罗江南岳之说，郭氏特微辨之耶？徐灵期《南岳记》云《御览》引："衡山者，五岳之南岳也，其来尚矣。至于轩辕，乃以灊霍之山为副焉。汉武徙南岳之祭于庐江，亦承轩辕副义也。"灊可副，罗江固亦可副。唐玄宗隆九天司命之祀于灊霍，而敕改罗江霍山曰霍童，意固有予夺其间耶？自后言闽山者称霍童，遂无复称南岳、南霍、霍山者矣。《老子中经》："荧惑星治霍山。"《云笈七签》："昔黄帝游观六合，见中东西北岳，并有佐命之山，惟衡山峙立无辅，乃请命三天太上，使霍山、潜山为南岳储君，拜青城山为丈人，署庐山为使者。吴越人或以霍山为南岳，其实非正也。"《真诰》九："霍山赤城亦为司命之府，惟太元真人、南岳夫人在焉。"

录自《笔记》

《王屋山圣迹记》

王屋为十大洞天之首，西城王君所治。屡见《真诰》。蜀杜光庭撰《天坛王屋山圣迹记》，在道藏不字号。又有《唐王屋山中岩台正一先生庙碣》，中岩知宫陈阜卿撰。正一先生即贞一先生，司马承祯赐号，宋人避讳改字也。《一统志》："阳台宫在济源县西王屋山下，晋烟萝子栖真之所，唐开元二十三年，司马承祯所建。"考李渤《真系》，承祯开元九年入都，十年请还山。帝赋诗，于王屋山自选形胜居之。敕为置阳台观，帝自书额。二十三年告化，年八十九。志以告化之年为建观之年，盖沿《明志》旧文之误。如此文称晋烟萝子于承祯前，似晋为魏晋之晋。后仙释中列烟萝于承祯之后，称五代晋。前后不符也。《天坛志》言即王屋绝顶轩辕祭天之所，上有老子炼丹池。

录自《笔记》

唐若山

　　唐若山为道家所称，唐代士人升举成仙，赫赫耳目者。《语林》一引《陈子》《陈子》盖即《陈子正言》，吉州陈岳所著也。岳行履见《摭言》卷十。云："代宗时有术士曰唐若山，饵芝术，嘘气导引，寿不逾八十。郭尚父立勋业，出入将相，穷奢极侈，寿邻九十。"据此言之，则若山是尸解，非飞升也。又《仙传拾遗》称玄宗得若山遗表，令其弟衡岳道士访之。而《陈子》谓代宗时术士，年代亦不合。岂《陈子》所云，或其弟若水乎？又《太平广记》据《纪闻录》紫虚观女道士云："开元二十四年春二月，驾在东都，李适之为河南尹。其日大风，有女冠乘风而至玉真观，集于钟楼，观者如堵。以闻于尹，尹率略人也，怒其聚众，袒而笞之。而乘风者既不哀祈，亦不伤损，颜色不变。于是适之大骇，方礼请奏闻。敕召入内殿，访其故，乃蒲州紫虚观女道士也。辟谷久，身轻，遂至此。玄宗大加敬畏，锡金帛，送还蒲州。数年后，因大风，复飞去不返。"年月时地，炳然事实，顾无女道士名。《南部新书》载此事云："李六娘者，蒲州人，师事紫微女道士为童子。开元二十三年十月二十三夜，宴坐而睡，觉已在河南开元观。京兆尹李适之以为妖，考之，颜色不变。具上闻，

召入内，度为道士。"钱氏所录，当亦本诸唐人。李六娘之名，足补
《纪闻》之阙。然玄宗幸东都，实二十二年，非二十三年也。

录自《札记》

元载与颜鲁公同受道箓

　　《唐语林》六，记颜鲁公蔡州致命事大致与《别传》同，而较为详雅。《别传》出道家，《语林》多采搢绅之说也。鲁公临终之言曰："老夫受箓及服药，皆有所得。若断吭，道家所忌。今赠使人一黄金带，吾死之后，但割我他支节，为吾吭血以绐之，死无所恨。"云云。此与《续仙传》北山君谓鲁公"去世之日，以尔之形，炼神阴景，然后得道"语，可互证。又鲁公云："吾与元载俱服上药，彼为酒色所败，故不及。"意载亦北山君授丹弟子耶？载佞佛而兼道，《唐·艺文志》易类有元载《集注周易》一百卷，道家有《南华通微》十卷。《语林》记其读《都卢橦赋》至于流涕，固非瞢无所知者。颇疑其死时，行刑者以秽袜塞口，意乃败其道也。

录自《辛丑札记》

白香山为栝苍山主录大夫

"海山不是吾归处，归即应归兜率天。"香山自信如是。然《唐年补录》载："会昌中，小黄门史遂，病中梦太一使者召去，宣曰，史遂前世栝苍山主录大夫侍者，谪为黄门，今大夫复位，侍者宜还付所司准法。遂领就一院，见一人白须鬓紫衣，左右十数列侍。拜讫仰视，乃少傅白居易也。遂元和初为翰林小吏，因问曰，少傅何为至此？白怡然曰，侍者忆前事耶？俄如睡觉，病即愈。访问是夕居易卒于洛中，临终谓所亲曰，昔自蓬莱，与帝原注：谓武帝也。有阎浮之因，帝于阎浮为麟德之别。言毕而逝，人莫晓也。较其日月捐馆之时，乃上宴麟德殿也。"云云。然则乐天来自蓬莱，仍归蓬莱。白老再生，诚哉妄论；兜率上生，亦成虚愿欤？《唐年补录》六十五卷，贾纬撰。《崇文总目》入实录类。唐、宋《艺文志》皆不录。

录自《笔记》

广成先生刘玄靖神道碑

　　碑见《宝刻类编》，萧邺撰，卢宏宣分书，大中五年立在潭州。按：此广成先生刘玄靖，即《旧·宣宗纪》大中元年敕旨依奏诛道士刘玄靖等十二人，以其说惑武宗排毁释教之刘玄靖也。《通志略》："《广成先生刘天师传》一卷，赵楷撰。"道藏有字号："《洞元灵宝三师记》，广成先生刘处静撰。"《通鉴》于会昌五年书，以衡山道士刘玄静为银青光禄大夫、崇玄馆学士，赐号广成先生。玄静固辞，乞还山，许之。于六年书，杖杀道士赵归真等数人，流罗浮山人轩辕集于岭南，而不出玄静名。考此事，唐人记载，参错不齐。《南部新书》称归真流南海，玄靖戮于市。《剧谈录》纪归真道术甚高，与王琼、许元长灵异事，卒言武皇晏驾，归真及琼皆流窜，惟元长不知所之。琼与元长当在十二人之列。然亦曰归真流窜，不言杖杀也。玄靖辞官归山，似有避祸之术。所谓敕旨依奏者，乃是中书议奏。归真在京得减死，玄靖在山，或观察使重其道行，奏邀恩贷未可知。否则元年伏法，五年立碑，萧邺、卢宏宣皆显宦大僚，岂漫浪至此耶？唐道士李冲昭《南岳小录》，唐代得道人姓名，广成刘先生玄静，大中五年五月十一日得道。则大中元年之诏，固未实行矣。又记玄静事曰："石室隐真宫，大历年中，广成先生刘玄靖修真之所。行三五步内，夺虎豹穴而居之，名曰隐真宫。刺史韩皋出俸钱，为创会真阁，先生在此五十年余修道，莫有知者。时因太史占星，曰有真人星见，隐者在兹岳得道。武帝遽降诰命，委本道监军，使人赍诏，征访遍寻，无所不至。忽一日历险攀萝，至一石室，乃见先生凝然而坐。中使宣命，先生初乃佯狂，后即承命赴阙。封为帝师，号广成先生。却复兹地，未几而羽化。"云云。玄靖为田良逸弟子。《佛祖统纪》载命杨钦绪为功德使，戮赵归真、刘玄靖等十二人，陈尸于市。抄《旧书》而增其辞，笔伐快语耳。

录自《札记》

钱武肃天柱观记

　　《记》载《洞霄图志》，所称妙有大师上清道士闾邱方远，即传《太平经》之闾邱方远也。《续仙传》："闾邱方远，受法篆于华藏质，诠《太平经》为三十卷，备尽枢要。"据记文，自生天柱之前，驻修天柱之下，则方远盖舒州人。

录自《辛丑札记》

《九天生神章》

　　《夷坚志》言《九天生神章》，灵应盖盛行于宋时，今世传者稀矣。《道藏目录》洞真部谱录类，《灵宝自然九天生神三宝大有金书》一卷，解题云："《始青清微天宝章》，《白元禹余灵宝章》，《元黄太赤神宝章》，天宝君太洞尊神，灵宝君洞元尊神，神宝君洞神尊神。故三天宝乃化九天生神也。"

录自《笔记》

龙虎山有陆象山宅

　　《吴文正集》，《仙城本心楼记》："龙虎山为神君仙子之宅，其后冈名象山，陆先生曾构宅而讲道焉。"

录自《杂札》

道藏中黄大痴所著书

芥字号，《抱一子三峰老人丹诀》一卷，注云："嗣全真正宗金月岩编，嗣全真大痴黄公望传。"大字号，《抱一函三秘诀》一卷，有图，编传人同上。然则大痴是全真教徒也。又此字号，《太极祭炼内法》三卷，有图像，注云："天师张宇初序，内炼法三外老夫郑所南集。"次于《灵宝玉鉴》之后，《上清天枢院回车毕道正法》之前。以类推之，得非所南所持为天心正法耶？

录自《笔记》

三　　教

　　马远有《三教图》，怪怪道人题《三圣卷》，赵吴兴称三教弟子，顾阿瑛像题曰三教像。自南宋迄元，和合三教，艺林盛播，知南北道宗，学说之流传广矣。黄公望流寓松江，立三教堂。

录自《笔记》

真大道教

　　《吴文正公集·天宝宫碑》："自金人入中土国时，有刘祖师者，为时所宗。继刘而陈而张而毛而郦，始居天宝宫，际遇国朝，名之曰真大道教，自为一支，不属前道教所掌。"

录自《杂札》

昙阳子

　　《弇州续稿》，纪二篇，一《金母纪》，一《昙鸾大师纪》，皆为昙阳子作也。《金母纪》谓昙阳尝命弇州、元驭曷治一室，奉观世音大士，以金母配。谓母尝谒大士，礼恭甚，大士为起，延坐接膝，谈笑良款款。母即十地菩萨化，或以为文殊。《昙鸾大师纪》，则因昙阳化时，自称昙鸾菩萨，因摭《续高僧传》成纪而论之曰："鸾公化之八十七年，乘七宝船，先诸佛菩萨，以命道绰，其阶级不浅矣。更九百五十四年，而却为昙阳子，托体童女，得灵真之度，而始证欲界果。何也？菩萨行化众生，不辞舍尊就卑，以示出入之无间，观自在之所以达摩、僧伽，文殊、普贤之所以寒山、拾得，弥勒之所以傅大士也。顺逆方便，不辞出入三氏，以明大道之无二，儒童、光净之所以洙济，迦叶之所以苦县也。"云云。所言甚辨，乃不免扬释而抑道。其为《昙阳大师传》，叙述胗蠁，亦有《冥通记》《紫阳内传》风味。

録自《笔记》

近代道教派别

　　黄益斋受谦，近改名黄邈，字邈之。说近代道家派别四：曰清净派，即紫阳派，所谓南宗者，属太清部。曰□□派，即金莲宗，所谓北宗者，属太元部。曰服食派，疑亦当属太元。曰南宫派，则属正一；而上溯钟、吕，品为最高。近有俞长腿，亲得法于钟离，顶绾双髻，从师法也。又言咸、同间，河南顾刑部某为阴官，为东岳左司，其官二品冠服，直隶天曹，不与东岳为堂属。所见冥中情状，与蔡鹤君亲家所见大同。官班比蔡当略高，判决事即施行，无有上官审覆。锉烧舂磨惨痛声，耳闻之，目不见也。言当刑者若能诵三教经典，诸刑械即不得着其身，引出付转轮，再追至，不能复诵矣。顾能见菩萨圆光中形相，亦其阶高于蔡也。黄又言：符有四等，作云篆大篆为一等，字从人旁者第二等，从雷者第三等，雷头鬼者第四等。曾见一书，言之甚详。

录自《月爱老人客话》

女性法月，男性法日

　　静思女子气体，与月相应，大是奇事。女性法月，男性其法日乎？道家以十二辟卦六十四卦运火候，是将以月化日也。纳甲之图，其玄牝之符欤？

录自《月爱老人客话》

服　气

近偶读时人服气书，忽悟所谓炼精化炁者，止是守静；所谓炼炁化神者，止是致虚；而吾儒所谓清明在躬，志气如神者，主敬之神，乃更在致虚之上。又因知七宝池阁，树鸟法音；四字名号，直兼有致虚守敬之胜也。

录自《杂札》

九子母

隋解倩有《九子魔图》，唐周昉有《九子母图》。裴谈怕妇，谓中年如九子母。世多混九子母与鬼子母为一，误也，佛经无九子母事。考《开元占经》六十引《二十八宿星经》云："尾，天子之九子也。"石氏曰："尾者，后宫之场，妃后之府也。尾星明，大皇后有喜；不明微，皇后有忧及疾。"此天文家九子母也。道藏《北斗本命经》："在昔龙汉，有一国王，其名周御，有玉妃，明哲慈慧，号曰紫光夫人。于尘劫中已发至愿，愿生圣子，辅助乾坤。经三千劫，于此王世，上春之时，游戏后苑，至金莲花温玉池，脱服澡盥，忽有所感，生莲花九色，应时开发，化为九子。其二长子，是为天皇大帝、紫微大帝。其七幼子，是七星，于玉池中经于七日七夜，结为光明，飞居中极，去地九千万里，化为九大宝宫。二长帝君，居紫微垣太虚中勾陈之位，掌把浮图，纪纲元化，为众星之主领也。圣母紫光夫人，尊号北斗九真圣德皇后也。"云云。此道家九子母也。周昉所画自属此二。裴谈谐语言畏或兼涉鬼子母，意不可据。要之鬼子母自佛家故事，九子母自道家故事，一梵一华，各有元本。《真诰》九："汉明帝于洛阳城西道北立佛寺，又于南宫清凉台作佛形像及《鬼子母图》。"是《鬼子母图》本，传入中国最早，远在《宝积经》前。

录自《札记》

三灵侯

　　和林金石有《三灵侯庙碑》，昔年与顺德、重黎遍求其证，未得也。其后叶焕彬刻出《搜神大全》，上卷有吴客三真君条，乃得其事。其略云：昔周厉王有三谏官，唐、葛、周也。王好畋猎失政，三官谏以仁义，不听，弃职南游至吴。吴为楚侵，王忧之。三官谓王：自有安邦之谋，大王无虑。三官迎敌，各用神策，楚国皆降。吴王迁赏，辞曰：臣等客也，不敢受赐。宣王立，复归周国，救太子，降五方使者，及非灾横祸。宣王迁三官于东兖，抚治安慰，民受其治。商请其资，所至无乏，其国大治。三官既升加封号，唐宏，字文明，孚灵侯；葛雍，字文度，威灵侯；周斌，字文刚，浃灵侯。宋祥符元年，真宗封岱岳，至天门，忽见三仙自空而下，帝敬问之。曰：臣奉天命，卫护玉驾。帝封三仙云。近阅《混元圣纪》，复得一证。纪云："宋仁宗嘉祐七年，帝不豫，梦三神人自言其姓号，左右翊卫之。既寤而疾遂平。乃诏遍访神祠，无有合者。后于所受《太上正一录》中得之，乃三将军也。八年三月诏曰，神理至幽，必有验于显；诚心至著，必有达于微。音容相交，符应若合。上仙隐景唐将军，上灵飞形葛将军，直使飞真周将军，阶列仙游，名在真籍。顷朕违豫，漠而感通，孚佑有加，康复如故。不荐美号，无以隆其称谓；不严秘阁，无以宅其威灵。唐将军加号道化真君，葛将军加号护正真君，周将军加号定志真君。仍于在京宫观内建置殿宇。庶殚精衷，庸答休证。"云云。又劳氏《杂记》："上元唐真君，名宏；中元葛真君，名雍；下元周真君，名武；皆周厉王时谏官也。处州宣平县楹样山中，有三真君祠，相传谏王不纳奔此，殁而为神。"蓄疑积年，连得三证，窃以自快，惜无由起九京为师友告耳。续见《宣平县志》，有《楹样山三元真君庙碑》，所叙尤详，其文曰：昔周厉王时，三直谏官，唐宏，字文明；葛雍，字文广；周武，字文刚；谏王不听，弃官奔吴。神策助吴敌楚，有功锡爵，辞以客臣弗受。后复归周，其国大治，封宏孚灵侯，雍广灵侯，武浃灵侯。唐贞观时，宣、应二乡旱，立坛祈祷。忽遇三神人，衣红锦袍，各长丈许，自空而下，语乡人曰：吾乃吴之神，未得所居，欲以乡之楹样山为家，当济雨泽。乡人诺曰：此万山之中，随意所适。请示姓氏，愿奉香火。三神曰：吾乃唐、葛、周是也。言讫忽不见。是夜大雨，枯苗复苏。乡人感德，建祠堂于楹样半山。一夕雷电风雨，尽移木植于绝顶，遂创庙焉。今石灵峰祖庙。宋祥符元年，真宗封岱岳，遇三仙自天门下，惊问三仙。曰：臣家丽水宣慈乡，奉帝命护驾。遂封上元道化唐真君，中元护政葛真君，下元定志周真君，同判岱岳。至今东岳地祇十太尉为部将。徽宗时，战阵间见三元真君旗号攻先。宣和二年，加封宣化威灵协佑真君。士民常于灵峰祈祷，应响如神，四时享祀不绝。婺、处二郡，多建祠祀之。赞曰：应变之圣，秉道之君，去周寄吴，救世拯民。周而列相，吴则客臣。自宋真宗，天门显身。帝亲询焉，方得其因。唐、葛、周氏，天地水神，上奉帝旨，保厥圣明。御制如赞，敕载姓名，祠封泰岱，建号三灵。按：《登州志》，今青、登二郡并有祠。

录自《札记》

五通观

　　《长安志》第十："安定坊东北隅，隋开皇八年为道士焦子顺所立。子顺能驱役鬼神，传诸符箓，豫告隋文受命之应。及即位，拜为开府永安公，立观以五通为名，旌其神术。"按：此五通，殆即西域五通仙人之义，非如宋后五通神之五通也。然如《宗镜录》所谓五通，一道通，二神通，三依通，谓依凭术法，任意无碍，如乘符往来，药饵变化之类。四报通，谓鬼神先知，诸天变化之类。五妖通。谓狐狸老变，木石精化，附傍人神，聪慧奇异。最后一通，则已含摄宋后五通义矣。若施肩吾寺宿为五通所挠诗："五通本是佛家奴，身着青衣一足无。"则即宋后所谓五通，江、闽之山魈耳。

录自《札记》

无佞侯　忏法

　　俗间小说所谓《杨家将征西传》，有无佞府之称，鄙俚可爱。然《图书集成·神异典》杂鬼神部引《临汾县志》："无佞侯，姓曹，临汾人。尝为浮山令，使民筑堰涝水灌田。又常阴助唐太宗伐宋老生，以雹绝宋老生之兵。太宗封为护国无佞侯。庙在城东三十里。"云云。又《道藏辑要》柳集，有所谓《忏法大观》者，其《东岳忏》中，有岳府太保英烈昭惠无佞康元帅，是此二字有见于神号者矣。《忏法大观》，与明道藏所录忏法不同，盖近代道士托于乩坛而增衍之者。首有蒋予蒲叙，蒋固以道士牵累获谴者也。《忏法》中所列诸神，多与元《搜神演义》相应。

录自《笔记》

宋钦宗为天罗王

《宣和遗事》："天水郡侯自源昌州南行，或日至一路旁，有献酒食者。曰：此地有神最灵，昨夜梦中得神报，言明日有天罗王自北而来，衣青衣，从十七人，是阿父遣来，某等故以酒食献。帝与阿计替共往其祠，入门如闻人揖声，若有三十余人声。其神石刻，乃一妇人状，手所执剑，则铁为之。侍从者皆若妇人。庙无碑记，其人称之曰将军。帝不知天罗王何意，阿计替曰：佛经有天罗神，大王之身，必是天官谪降也。"按：《仁王般若经》"佛告波斯匿王，昔有天罗国王，有一太子，名曰班足，信外道师，欲取千王头以祀冢间摩诃迦罗大黑天神。自登王位，已得九百九十九王，惟少一王。北方万里，有一王曰普明，设百高座，请百法师，设仁王护国般若道场，证空三昧，转教诸王，感化班足"云云。钦宗以天罗国王谪降受难，其取千王头之余报欤？其徽宗毁佛所感欤？《仁王护国经》行于北方，南宋无治此经者。

录自《札记》

回教天主教同出一源

回回教自穆罕默德以上，与天主教同出一源。以刘智《天方性理》参杭大宗《景教续考》、蒋湘南《游艺录》三家所述，与《海国图志》《万国史记》此书与《四裔编年表》略同，在西书译本，史事为最详证之。《景教续考》云："回回始祖曰阿丹。阿丹传施师，施师传弩海，弩海传易卜拉欣，易卜拉欣传易司马仪，易司马仪传母撒，母撒传达五德，达五德传尔撒，尔撒不得其传。六百余年而后穆罕默德生。"《天方性理》说与此同。盖杭即取资于《性理》。实则回教之阿丹，即《万国史记·小亚细亚纪》所载天主教始祖之亚当。弩海者，洪水后脱出一族之挪亚也。易卜拉欣者，创建巴勒斯坦独拜上帝不拜偶像之亚伯拉罕也。易司马仪者，阿拉伯人之祖亚伯拉罕子以实马利也。母撒者，亲授十诫之摩西也。达五德者，《职方外纪》所指以为《列子》之西方圣人之大味得，《史记》之作称颂上帝诗经之大辟也。尔撒即耶稣。回教元年，正耶稣后纪元六百二十二年也。此七人皆天主教内不祧之大宗，其名与相亚者。《天方性理》云："天方受命行教，同是圣人，而有四等。行教而微有征兆者，曰圣人，如脱鲁持、郁实父是也。行教有征兆，而敕之以经旨者，曰钦圣，如施师、叶尔孤白、素来马尼是也。行教敕以经旨，而能因时制宜，损益先圣之典者，谓之大圣，如努海、易卜拉欣、母撒、达五德、尔撒是也。其受命行教，特受大典，总革前圣之经，为万世率由之准者，谓之至圣，惟穆罕默德一人而已。"《游艺录》云："阿丹，中国所称盘古氏也。其七世孙曰一德里师，始制历法，造仪器，为万世测算之祖。圣德感人，四方朝贡。原无拜象之制，卒后，其子墨土氏，恐朝贡不至，乃塑像坐廷以绐之，是为象教之始。易卜拉欣为阿丹之二十一世孙，亚伯拉罕《统纪传》作亚伯兰，为亚当十九世孙。七岁提斧断塑象首。"以《史记》及《每月统纪传》考之，亚伯拉罕以前，《统纪传》详于《史记》。刘氏所称脱鲁持，即蒋氏所称一德理师，即《史记》之马土拉撒，《统纪传》之米土拉色也。蒋氏所称土墨氏，则《史记》马土拉撒子拉麦，《统纪传》米土拉色子拉麦革当之。土墨、拉麦，对音不近，而又《史记》亚当至马土拉撒止五世，然《统纪传》米土拉色上溯亚大麦即亚当。正其七世孙。拉麦革为其子，则其为土墨氏无疑也。《性理》之郁实父，即《史记》之约瑟福。《性理》之叶尔孤白，即《史记》之耶哥伯。耶哥伯为亚伯拉罕之孙，约瑟福则耶哥伯子也。素来马尼者，大辟之子琐罗门，《职方外纪》作撒剌满，亦指以当《列子》之西方圣人者。其说以为当中国春秋时，皆彼教中钜子。故天主与回回，其推重同也。自尔撒以后，遂无一人同者。盖穆罕默德既自立教，其后诸师，一扫空之，因自谓直接耶稣。迄后回回人以教法与天主相仇，遂并不肯仞耶稣，而耶稣以上诸师，亦若多不相涉者。则由于语言之隔，意见之争，要其本同末异，西洋人固自知之。回教人虽强自张皇，亦不能尽掩其迹也。惟施师不知当何人，疑即亚当之子设多也。

　　余昔疑回教施师即西教之设，未有显证。近得刘智所为《天方至圣实录》，首卷列《世统源流图》，以《旧约全书》证之。《图》第一世曰阿丹，即《旧约》之亚当；第二世曰施师，即旧约之设；三世曰安渥氏，即《旧约》之以哪氏；四世曰改囊，即《旧约》之该南；五世曰慕合肋，即《旧约》马勒列；六世曰雅尔帝，即《旧约》雅列；六世曰额赫努，一称一德理师圣人，即《旧约》之以讷，谓所行合乎上帝，上帝接之，不居于世者也；七世曰墨土氏，即《旧约》之马士撒拉；八世曰克默里，即《旧约》之拉麦。拉麦生挪亚。

录自《潜究室札记》

默 伽

　　《事林广记》："默伽国，古系荒郊，无人烟。大食国祖师名蒲啰哞，自幼有异状，长娶妻，在荒郊生一男子，无水可洗，弃之地。母走寻水不护，及回，见其子以脚擦地，涌出一泉，水清甚。此子立名司麻烟，砌成大井，逢旱不竭，泛海遇风涛，以此水洒之，则应手而止。"按：此书所称默伽，即今麦加国；蒲啰哞即易卜拉欣，亚伯拉罕之转音；司麻烟即易司马仪，即以实马利。

录自《潜究室札记》

波斯教有新旧

波斯教有新旧，所谓祚克乐阿对者，旧教也；摩尼者，后起新教也。袄教世称拜火教者，则祚克禄阿对之末派也。

录自《杂记》

明教经禳鬼

《稽神录》："清源都将杨某为本郡防遏营副将，有人见一鹅负纸钱入其第，俄化为双髻白鬈老翁，变怪遂作，两女惊病。召巫女坛召之，鬼亦立坛作法，愈甚于巫，巫惧而去。二女皆卒。后有善作魔法者，名曰明教，请为持经一宿，鬼乃唾骂而去。"按：明教即回纥末尼之遗。《夷坚志》所谓吃菜事魔，三山尤盛。为首者紫帽宽衫，妇人黑帽白服，称为明教会。所事佛，衣白，谓之第五佛，又名末摩尼。其经名《二宗三际》。二宗者，明与暗也。三际者，过去、未来、现在也。今敦煌石室尚发见其残经，余别有考。独怪回鹘盛时，挟之以至。《佛祖统纪》："大历三年，敕回纥奉末尼，建大云光明寺。四年，回纥请于荆、扬、洪、越建大云寺，其徒白衣白冠。"当时奉敕营建，何以《长安志》有祆寺，有波斯寺，独无末尼寺？岂朱雀街东第一街开明坊之光明寺，即大云光明寺，宋氏未究其原，故寺下无注耶？《统纪》："会昌三年敕：天下末尼寺并令废罢。京城女末尼七十人皆死，系回纥者流之。诸道死者大半。"检《旧唐·武宗纪》，会昌三年，刘沔既破乌介可汗，太和公主迎归。制诏宣布，其末曰："回纥既已破灭，理在翦除。应在京外宅及东都修功德回纥，并勒令冠带，各配诸道收管。其回纥及摩尼寺庄宅钱物，并委功德使，以御史台及京兆府差官检点抽收，不容诸色人等影占，摩尼寺僧，委中书门下条疏奏闻。"《统纪》所载之敕，盖在中书条奏之后。京城女末尼死者七十人，则京城男众可知。摩尼寺产委功德使、京兆府检点，则亦指在京诸寺言之也。《老学庵笔记》所言明教在浙东，《夷坚志》所言在三山福州，《稽神录》所言在清源泉州，意皆流徙诸道之余，奔进残生，就海滨思托庇于大食者。顾大食亦异教不容，遂流落为魔民耳。

录自《笔记》

术　　忽

　　《元史》三十三《文宗纪》："僧、道、也里可温、术忽、合失蛮为商者，仍旧制纳税。"也里可温见《百官志》，且屡见诏书。术忽仅此一见，他无可证。《三史语解》改术忽为珠赫，以满洲语释为冰，谓为部名，非也。此皆僧道之流，不入四民之数者，安得以部族涵之乎！《至元译语》云："僧曰出鲁虎儿。"此术忽即出鲁虎儿之异文。出鲁虎儿，若依《元秘史》法书之，当作出鲁虎勒，简去半音，则为出虎，即术忽也。此出鲁虎儿之僧，非剌麻，非汉僧，盖蒙古西域地旧有之。当又于合失蛮、也里可温之外，别为一教。刘智《天方性理·居处篇》云："穆民忌野居，非我族类，必有表记。凡我域中，不容欧若堂，不容祝虎院，不容佛室道观。"欧若即耶稣，祝虎即术忽，与佛道并举，与元敕合。智书从回回经译出，则术忽之语犹存于西域也。

录自《潜究室札记》

妲己化狐

　　明璩昆玉《类书纂要》，有妲己化狐一条云："妲己狐狸精，好食人精血。周武王伐纣，临刑，妲己化形上升。太公用降魔鉴一照，妲己坠地，化为九尾狐狸。武王命去其皮毛，屑其骨肉。妲己肉身，乃苏州太守章华妻也。"此说甚异，不著采自何书，然固当在今世小说《封神演义》以前。《纂要》记明世俗间称谓，有极鄙俚可资谈助者。其书写刻甚精，盖金陵书坊射利之作。其时书工刻工，时值甚廉，可想见已。

录自《札记》

文　　学

魏武《短歌行》

魏武《短歌行》，得无指文举诸人乎？

录自《杂札》

嵇康《幽愤诗》

嵇叔夜《幽愤诗》，有孙言免难之意。卒不得免，司马氏之政厉矣哉！

录自《杂札》

阮籍《咏怀诗》

"天马出西北"首，与上章"昔日繁华子"相承，两媚字眼目。
"怨毒常苦多"，"资用常苦多"，比而观之，可以论世矣。

录自《杂札》

陆机《赠冯文罴迁斥丘令诗》

陆士衡《赠冯文罴迁斥丘令诗》，卒章有弦危甲冷之意，羁孤之感深矣！

录自《杂札》

陆机《答贾长渊诗》

贾充之德丑矣，谥之人才亦何所取，士衡与交，徒以其中朝贵胄耳。此诗从晋室开基入手，取径避就可玩。

录自《杂札》

陆机乐府十七首

　　此士衡《咏怀诗》，非泛然拟古。《猛虎行》此《九辩》《涉江》之遗则也。冠十七章之首，足知士衡命意矣。《君子行》士衡天资爨友，短于刚制，以系杞之徇，涉比匪之途，心迹相违，进退皆罪，平生多忧患之言，处处足与此相发也。《从军行》其追悼故时部曲与？五百人以田横不朽。伯约解甲，蜀士斫石。回忆赴溪偕死之时，不啻前生事也。此悲之至而无可言者。《豫章行》去国之感。《苦寒行》入洛之感。以近情托深感，庾开府"龟言此地之寒，鹤讶今年之雪"正与此同。《饮马长城窟行》感时事。《君子有所思行》刺时，当与干宝《晋纪序》参看。《齐讴行》公子忧生，逐臣惜往，讥之实伤之也。其为齐王攸作欤？《长安有狭邪行》谭仲修诗云："终古长安有狭邪，相逢狭道不容车。可能明月时时满，无奈浮云处处遮。"愚常爱其善用古语也。《长歌行》与《叹逝赋》所感同。《悲哉行》赋而兴，又比也。《日出东南隅行》所言正与古辞相反，足以知命意。《塘上行》终以此章，知世之不可以自托于知己也。卒不免孟玖之祸，伤哉！士衡情怀，与子山同，处身则远逊，一静一躁之判也。庾本儒家，陆世将帅，其志业盖本不同。

录自《杂札》

陶诗《荣木》

"先师遗训，余岂云坠！四十无闻，斯不足畏。脂我名车，策我名骥，千里虽遥，孰敢不至！"志气奋迅。

录自《护德瓶斋简端录》

陶诗《酬丁柴桑》

"餐胜如归，矜善若始。"可爱。

陶诗《答庞参军》

庞为卫军参军，卫军盖刘毅。

录自《护德瓶斋简端录》

陶诗《形影神》

"贵贱贤愚，莫不营营以惜生。"公之惜生，甚于人也。不尔，何五情热之有？"憩荫若暂乖，止日终不别。此同既难常，黯尔俱时灭。身没名亦尽，念之五情热。"极沉郁之思。"日醉或能忘，将非促龄具！立善常所欣，谁当为汝誉？甚念伤吾生，正宜委运去。纵浪大化中，不喜亦不惧。应尽便须尽，无复独多虑。"顿挫怫郁，力透纸背。

录自《护德瓶斋简端录》

陶诗《九日闲居》

　　"空服九华。"今都人尚称菊为九花，九菊，双声字也。"世短意常多"至"举俗爱其名"四句，所谓"缅焉起深情"者。

录自《护德瓶斋简端录》

陶诗《归园田居》

　　"桑麻日已长"至"零落同草莽"四句，意其有滋兰树蕙之感钦？公旷达过人，忧患亦过人，识公心者，无如子朱子矣。"但使愿无违"，此所云愿，即前章曰广之志。"人生似幻化，终当归空无。"从屈子意透过一层，终不免于怅恨，亦如贾生《鵩赋》也。末首。五章意已尽矣，无容复赘。此首文通拟作无疑。

录自《护德瓶斋简端录》

陶诗《示周续之祖企谢景夷三郎》

"马队非讲肆"至"从我颍水滨"。语皆肮脏，无所畏避，所与言为意中人也。

录自《护德瓶斋简端录》

陶诗《诸人共游周家墓柏下》

"今日天气佳"四句，此昭明所谓爽朗者。

录自《护德瓶斋简端录》

陶诗《怨诗楚调示庞主簿邓治中》

"在己何怨天，离忧凄目前。"饥寒所迫，遂及离忧。不怨乃不仁，怨焉诚不智，呜呼伤矣！"钟期信为贤。"此亦为知己者言之，末句钟期可见。

录自《护德瓶斋简端录》

陶诗《五月旦作和戴主簿》

"既来孰不去"八句，曲折酣透，如蒙庄之文。昭明所谓"抑扬爽朗，莫之与京"者，此类是也。学陶者惟东坡有此境。

录自《护德瓶斋简端录》

陶诗《和刘柴桑》

"去去百年外"二句，其辞果烈。朱子所以言隐者多是带性负气之人。

录自《护德瓶斋简端录》

陶诗《于王抚军座送客》

　　"逝止判殊路"四句，出处殊途，兴亡异感，虽流连于樽俎，修契阔于风云，芳草为萧，素丝染色，此之为别，岂复常情！是故即事多欣，非人谁与之心也。言哀必叹，离世长往之志也。目送情随，二句中含无限感慨。

　　　　　　　　　　　　　　　　　录自《护德瓶斋简端录》

陶诗《赠羊长史》

"九域甫已一。"宁知九域攸同，即且三灵改卜乎？所以为"言尽意不舒"也。

录自《护德瓶斋简端录》

陶诗《岁暮和张常侍》

"穷通靡攸虑。"寄奴苟不因孟昶家资,乌由起义乎?

录自《护德瓶斋简端录》

开元文盛

　　开元文盛，百家皆有跨晋、宋追两汉之思。经大历、贞元、元和，而唐之为唐也，六艺九流，遂成满一代之大业。燕、许宗经典重，实开梁、独孤、韩、柳之先。李、杜、王、孟，包晋、宋以跂建安，而元、白、韩、孟，实承其绪。画则吴生接迹僧繇，尽华、竺变通之用。书虽前有欧、虞，后为颜、柳，开元徐、李，实为通变复古之中权。韩、史八分，冰、潮篆，旭、瓘草，皆自谓凌跨六代者。人才之盛关运会，抑不可不谓玄宗之精神志气所鼓舞也。贞元、元和之再盛，不过成就开、天未竟之业。自后经晚唐以及宋初，并可谓元和绪胤。至元祐而后复睹开、天之盛，诗与书其最显者已。

录自《菌阁琐谈》

韩愈《嘲鲁连子》诗

　　此欧公见两苏让一头地之旨，与《吕医山人书》合参。禅读禅让之禅。

录自《护德瓶斋简端录》

韩愈《杂诗》

"古史散左右"首，升昆仑一段雄恢，末段黯然孤进之伤。言语不通，奈何乎公！

录自《护德瓶斋简端录》

韩愈《岣嵝山》诗

"科斗拳身薤倒披。"公好古文奇字，宜有此意想。

录自《护德瓶斋简端录》

韩愈《游青龙寺赠崔群补阙》诗

　　从柿叶生出波澜，烘染满目，竟是《陆浑山火》缩本。吾尝论诗人兴象与画家景物感触相通。密宗神秘于中唐，吴、卢画皆依为蓝本。读昌黎、昌谷诗，皆当以此意会之。颜、谢设色古雅如顾、陆，苏、陆设色如与可、伯时，同一例也。

　　　　　　　　　　　　　　　　　　　录自《护德瓶斋简端录》

韩愈《陆浑山火》诗

作一帧西藏曼茶罗画观。

录自《护德瓶斋简端录》

文　畅

韩集有《送文畅诗序》，畅为南泉弟子，见《宋高僧传》第十一。

录自《辛丑札记》

光威哀联句

　　光、威、哀联句,《全唐诗》载之,注云:"姊妹三人,失其姓。"偶检乾隆《一统志》,陕州祠庙有三圣姑行祠,注云:"在阌乡县盘豆镇。明杨智碑记,景泰间为修殿一所。相传唐开元时,有媪生三女,孟曰光,仲曰威,季曰哀,少孤,俱未适人而死,后皆为神。"才女为神,此最佳话。向来诗家美联句之清绮,恨不知三女为何人。特拈出之,以炜彤管。《鱼元机集》有和三女联句诗,味其辞,若同时人。意开元或开成之误耶?

录自《札记》

少仪二字罕用

《山谷集·与潘邠老书》："辱以少仪见推一日之长，虽荷倾倒之意，不获经辞，顾德薄而道不明，何以当此，愧悚！愧悚！"此殆邠老以师道尊山谷也。少仪二字罕用。

录自《潜究室札记》

黄　　道

　　洪觉范诗:"黄道春泥晓未干。"史邦卿词:"黄道宝光相直。"都以黄道作御街用。

录自《护德瓶斋涉笔》

栾枝花入题咏

诚斋《山居杂兴诗》："金作林檎花绝浓，十年花少怨东风。即今遍作栾枝锦，不则梢头几点红。"此当为栾枝花见题咏之始。

录自《杂札》

沈爱沧诗

　　爱沧诗曰《涛园集》。其《正阳集·杂感》云："一疏分明见典型，却从文字费调停。鸿都门外车千乘，半学方言半写经。""功名晚岁事多忧，去就如今岂自由。客子西来须检点，关中颓丧老穰侯。""不明牛斗独灵箕，隶圈风流盛一时。忆与诸贤游洛下，何曾知有蔡充儿。"又《咏史·留侯》云："处人骨肉间，忧虞能自保。"《贾生》云："左右以谕教，为傅乃无状。"《萧太傅》云："萧生亦可哀，儒术益高致。"《狄梁公》云："衰年多念虑，荐士殊悲辛。"《长源》云："卧内有山人，来自箕颍间。"《吕申公》云："夷简非相才。"《张太岳》云："抚筝望桓伊，慷慨声回天。"运思皆出人意表。

录自《杂札》

全拙庵温故录（节录）

　　尤悔多端，七十而不能寡过。平旦气定，反省怵然。吾先君署别号沈拙孙，见于日记，时年甫逾二十也。自吾曾大父以拙字诏后人，小子周知，憧憧朋从，及今日而后憬然。反本不已晚乎。孟东野诗云：庶全君子拙，耻为小人明。全受全归，毋忝所生。勉诸！

　　《诗品》序凡三章，序之别体。《日本见在书目》有注，《诗品》三卷。

　　皎然《诗式》辨体，十九字《述书赋》，字格百二十言。天宝、大历之间，文人自有一种气习，书家十二意亦出此时。武元之《韵诠》四十字，其人亦在开、天间。

　　《国史补》：元和以后，为文笔则学奇诡于韩愈，学苦涩于樊宗师；歌行则学流荡于张籍；诗章则学矫激于孟郊，学浅切于白居易，学淫靡于元稹：俱名为元和体。《乐书要录》：声不独运，必托于诗。诗者，阳之声；乐者，阳之器也。大抵天宝之风尚党，大历之风尚浮，贞元之风尚荡，元和之风尚怪也。此固当时文人相轻之论，然可与柳子厚《毛颖传》后题"不能举其辞，而独大笑以为怪"语相证，天宝之风尚党，殆指萧、李诸人言之。大历之浮，则十才子当之矣。

肃宗灵武即位，唐人无议之者。钱注杜诗，横加穿凿，生诸讥刺。杜老恐称冤地下。小宋之议，以僖宗为譬。广明之事，岂宣、懿前人所知哉。讥议灵武者，唐人独有《广记》所收《潇湘录》，梁守威于古墓遇少年鬼一事，托之神鬼，非士大夫雅言。子京好奇，或缘此奋笔耳。《潇湘录》，唐末书。《宋·艺文志》录李隐《大唐奇事》一卷。又《潇湘录》十卷。又有柳详《潇湘录》十卷。《书录解题》有此书。直斋云：唐校书郎李隐撰《馆阁书目》云尔。《唐志》作柳详，未知《书目》何据也。翻马嵬案者，始罗隐："地下阿环应有语，者回休更怨杨妃。"亦唐末诗，其实为田令孜发。

《唐宋丛书》有《潇湘录》，仅十数叶。盖抄《广记》为之。

《诗》之比兴辞近《易》，赋则近于《书》。于风偶一见，雅则全体相类矣。国史之言，本其所掌，本其所学，以为吟咏。而洁净精微、疏通知远之美，不期而与温柔敦厚之情交发而迭起焉。读应尔雅，非列国之风可比也。

卢召弓《宋史艺文志补》，《典雅词》三卷，次《中兴绝妙词》后。注云：姚述尧《箫台公余词》、倪偶《雪川词》、邱崈《文定词》各一卷，此不知何人所集，亦乐府雎词之意。宋人所称雅词，亦有二意：此典雅词，义取《大雅》。若张叔夏所谓雅词协音，一字不放过者，则以协《大晟音律》为雅也，曾端伯盖兼二义。

又按《碧鸡漫志》，万俟雅言自定其集，分两体，曰雅词，曰侧艳。又云贺方回、周美成，时得《离骚》遗意，如贺之《六州歌头》《望湘人》《吴音子》，周《大酺》《兰陵王》《六丑》，诸曲最奇。或谓深劲乏韵，此遭柳氏野狐涎吐不出者也。按今周氏三词，脍炙词林，而贺三词罕知者。

《旧唐志》录太宗、高宗、中宗、睿宗、武后文集，不及元宗。依毋煛《开元书录》旧文也。《新志》依《旧志》，而增入元宗、德宗集，注云卷亡，则残阙非完本矣。帝王文字，传世较难。反不若科举士子，犹得以一二卷留名史志，兹亦足感喟者。唐世若文、宣二帝，皆有时贤竞美之心。《唐语林》称文宗好五言诗，与肃、代、宪宗同，而古调尤为清峻。李珏奏言：宪宗为诗，格合前古。当时轻薄之徒，摘章绘句，聱牙崛奇，讥讽时事，尔后鼓扇声名，谓之"元和体"云云。则元、白、张、王之讽刺，韩、孟、刘、柳之崛奇，实宪宗倡之。今遂无之一字传，可惜也已。文宗五言古调，亦无一篇。宣宗诗传自释徒，风格殊凡下。德宗格高，有开元风，则出于□□取录也。

《鉴诫录》有斥乱常一条云：宾贡李珣，字德润，本蜀中土生波斯也。少小苦心，屡称宾贡。所吟诗句，往往动人。尹校书鹗者，锦城烟月之士也。与李生常为善友，遽因戏遇嘲之。李生文章扫地而尽。诗云：异域从来不乱常，李波斯强学文章。假饶折得东堂桂，胡臭熏来亦不香。按李珣、尹鹗，《花间集》并载其词，《摭言》记：白敏中中令镇荆南，因□发使酒。有诗云：十姓胡中第六胡，也曾金殿掌洪炉。少年从事夸门地，莫向樽前喜气粗。同一胡也，一以自矜，一为人贱，何欤？

楼宣献《陈止斋神道碑》，末云：主上在宫邸，寮案以诗为寿。惟赞善黄公与公皆有讽谏，上为置酒，各亲书所上诗谢之。公后尝奏知以御札刻石，而跋其下。其略云，李札观乐为之歌颂曰：哀而不愁。太史公读《虞书》，至于君臣流涕。惟是几安未尝不流涕也。成王作颂，推己惩艾。可不谓战战恐惧、善守善终哉。颂者，不专美盛德之形容，皆敕戒之诗。秦斯以来，此义殆绝钥，读之为之呜咽，此又先儒所未发也。

史例治诗词

以事系日，以日系月，史例也。宋人以之治诗，而东坡、山谷、后山之情际，宾主历然，旷百世若披帷而相见。彼谓诗史，史乎史乎！沤尹侍郎乃今复以此例施之于词，东坡其乘韦也。

录自《长语》

王弇州、贺黄公标举《花间》《尊前》

　　贺黄公《载酒园诗话》与吴修龄《围炉诗话》，皆标举晚唐，诋斥王、李者，标新撷秀，清婉动人，实亦竟陵之旁流，彼幽此浅耳。黄公《皱水词筌》，亦多俊语，而确守弇州规轨。殊不思《卮言》所谓"宛转绵丽，浅至儇俏"者，吴歌佳致，政可表隆庆间江左风流，岂西蜀南唐，四百年前，已会此细想乎？愚于弇州、黄公所标《花间》《尊前》名句，未尝不讽味移情，而举烛治燕，或恐非郢书本实耳。

录自《菌阁琐谈》

弇州论《金荃》《兰畹》词

弇州云："温飞卿词曰《金荃》，唐人词有集曰《兰畹》，盖取其香而弱也，然则雄壮者固次之矣。"此弇州妙语，自明季国初诸公，瓣香《花间》者，人人意中，拟似一境，而莫可名言者，公以香弱二字摄之，可谓善于侔色揣称者矣。《皱水》胜谛，大都演此。余少时亦醉心此境者，当其沉酣，至妄谓午梦风神，远在易安之上。又且谓易安倜傥有丈夫气，乃闺阁中之苏、辛，非秦、柳也。《兰畹》书不传，或谓亦飞卿词名，未确。按：欧集近体乐府《应天长》第三首校语："《金奁集》作温飞卿词。"则温集名《金奁》，非《金荃》也。校语两引《兰畹》，《千秋岁》校云："《兰畹》作张子野词。"《水调歌头》校云："此词见《兰畹》第五卷。"则《兰畹》为宋词，非唐人集。

录自《菌阁琐谈》

险　丽

黄公拈出险丽二字，亦千剑千赋，阅后有得者语。然非宋人旨。其以王通叟《春游词》证之，则瞎却后人眼目矣。"灯摇缥碧茸窗冷"，自是秋坟鬼语，殊不睹所谓斧凿痕者。伊川许小晏鬼语，而黄公不许荆州亭鬼语，然则词客迂僻，过于道学乎？所谓斧凿痕，嫌其不弱耳。险丽二字，亦本弇州。

录自《菌阁琐谈》

眼中景　景中人　人中意

　　《南州草堂诗话》，多记桑海诸公悲欢词事，所谓眼中景、景中人、人中意者。临济三宫，于此漏泄宗风不少。要之轻尘弱草之情，尤宜促节哀弦之奏，有香弱而不嫌儇俏。假令弇州见之，不知又当作何赏会？

录自《菌阁琐谈》

刘公戬论词须上脱香奁，下不落元曲

　　刘公戬谓词须上脱香奁，下不落元曲，乃称作手。亦为一时名语。然不落元曲易耳，浙派固绝无此病。而明季诸公宗《花间》者，乃往往不免。若所谓上脱香奁者，则韦庄、光宪，既与致光同时，延巳、熙震，亦与成绩并世，波澜不二，风习相通，方当于此津逮唐余，求欲脱之，是欲升而去其阶已。国初诸公不能画《花间》《草堂》界限，宜有此论。

录自《菌阁琐谈》

五代之词促数，北宋盛时啴缓

《卮言》谓"《花间》犹伤促碎，至南唐李主父子而妙"。殊不知促碎正是唐余本色，所谓词之境界，有非诗之所能至者，此亦一端也。五代之词促数，北宋盛时啴缓，皆缘燕乐音节蜕变而然。即其词可悬想其缠拍。《花间》之促碎，羯鼓之白雨点也；《乐章》之啴缓，玉笛之迟其声以媚之也。庆历以前词情，可以追想。唐时乐句，美成不伐，以后则大晟功令日趋平整矣。

录自《菌阁琐谈》

欧词俚语

　　《醉翁琴趣》，颇多通俗俚语，固往往与《乐章》相混。山谷俚语，欧公先之矣。《琴趣》中若《醉蓬莱》、《看花回》、《蝶恋花》、《咏枕儿》、《惜芳时》、《阮郎归》、《愁春郎》、《滴滴金》、《卜算子》第一首、《好女儿令》、《南乡子》、《盐角儿》、《忆秦娥》、《玉楼春》、《夜行船》，皆摹写刻挚，不避亵猥。与山谷词之《望远行》《千秋岁》《江城子》《两同心》诸作不异。所用俗字，如《渔家傲》之"今朝斗觉凋零晼，花气酒香相厮酿"，《宴桃都》之"都为风流晼"，《减字木兰花》之"拨头憁利"，《玉楼春》之"艳冶风情天与措"，《迎春乐》之"人前爱把眼儿札"，《宴瑶池》之"恋眼哝心"，《渔家傲》之"低难奔"，亦与山谷之用毵屎俗字不殊。殆所谓小人谬作，托为公词，所谓浅近之词刘辉伪作者厕其间欤？《名臣录》谓刘辉作《醉蓬莱》《望江南》以诬修，今故在《琴趣》中，集中尽去此等词是也。《琴趣》中于山谷诨词皆汰不录，而醉翁伪作一无所汰，为不可解耳。

録自《菌阁琐谈》

欧词好用厮字

　　欧公词好用厮字，《渔家傲》之"花气酒香相厮酿""莲子与人长厮类""谁厮惹"皆是也。山谷亦好用此字。

录自《菌阁琐谈》

欧公印眉词

　　《醉翁琴趣·玉楼春·印眉》词，细腻曲折，纪实而有风味，此情状他词罕见，惟《乐章集·洞仙歌》"爱印了双眉，索人重画"，足相印耳。

录自《菡阁琐谈》

东坡词如雷大使舞

　　"东坡以诗为词，如雷大使之舞，虽极天下之工，要非本色。"此后山《谈丛》语也。然考蔡絛《铁围山丛谈》，称"上皇在位，时属升平，手艺之人有称者，棋则有刘仲甫、晋士明，琴则有僧梵如、僧全雅，教坊琵琶则有刘继安，舞则雷中庆，世皆呼之为雷大使，笛则孟水清，此数人者，视前代之技皆过之。"然则雷大使乃教坊绝技，谓非本色，将外方乐乃为本色乎？

录自《菌阁琐谈》

山谷俗语

　　山谷《步蟾宫》词："虫儿真个恶灵利，恼乱得道人眼起俊。"起俊，俗语也。《乐章集·征部乐》："但愿虫虫心下，把人看待，长似初相识。"直以虫虫作人人、卿卿用，更奇。

录自《菌阁琐谈》

二　安

易安跌宕昭彰，气调极类少游，刻挚且兼山谷，篇章惜少，不过窥豹一斑。闺房之秀，固文士之豪也。才锋太露，被谤殆亦因此。自明以来，堕情者醉其芬馨，飞想者赏其神骏，易安有灵，后者当许为知己。渔洋称易安、幼安为济南二安，难乎为继。易安为婉约主，幼安为豪放主。此论非明代诸公所及。

录自《菌阁琐谈》

渔洋论词有通识

　　渔洋《花草蒙拾》，偶然涉笔，殊有通识。其述云间诸公论词云："五季犹有唐风，入宋便开元曲。故崇意小令，冀复古音，屏去宋调，庶防流失。"谓其"长处在此，短处亦在此"。不独评议持平，且能举出当时词家心髓，识度固在诸公上也。云间所谓"入宋便开元曲"者，盖指屯田，而不肯察察言之，遂使随声附和者，扣盘扪钥，生诸眼障。

　　　　　　　　　　　　　　　　　　　　　　录自《菌阁琐谈》

宋词三家

　　汪叔耕辛《方壶诗余自叙》云："唐、宋以来，词人多矣。其词主于淫，谓不淫非词也。余谓词何必淫，亦顾寓意何如尔。余于词，所爱喜三人焉。盖至东坡而一变，其豪妙之气，隐隐然流出言外，天然绝世，不假振作。二变而为朱希真，多尘外之想，虽杂以微尘，而清气自不可没。三变而为辛稼轩，乃写其胸中事，尤好称渊明。此词之三变也。"云云。叔耕词颇质木，其人盖学道有得者。其所称举，则南渡初以至光、宁，士大夫涉笔诗余者。标尚如此，略如诗有江西派。然石湖、放翁，润以文采，要为乐而不淫，以自别为诗人旨格。曾端伯《乐府雅词》，是以此意裁别者。白石老人，此派极则，诗与词几合同而化矣。吴梦窗、史邦卿影响江湖，别成绚丽，特宜于酒楼歌馆，钉坐持杯，追拟周、秦，以缵东都盛事。于声律为当行，于格韵则卑靡。赖其后有草窗、玉田、圣与出，而后风雅遗音，绝而复续。亦犹皋羽、霁山，振起江湖衰响也。自道光末戈顺卿辈推戴梦窗，周止庵心厌浙派，亦扬梦窗以抑玉田。近代承之，几若梦窗为词家韩、杜。而为南唐、北宋学者，或又以欣厌之情，概加排斥。若以宋人之论折衷之，梦窗不得为不工，或尚非雅词胜谛乎？

录自《笔记》

沈天羽论词语

邹程村极称沈天羽"意致相诡，言语妙天下"之语，谓为诗余别开生面。此两语固可与贺黄公"险丽"二字相发，然在宋人词中，山谷开其端，稼轩极其趣，白石亦染指焉。南宋诸家，有合于此不少。政恐沈、邹二君，觌面不识耳。至皋文、止庵而后识之。

录自《菌阁琐谈》

《齐物论斋词》

　　《齐物论斋词》，为皋文正嫡。皋文疏节阔目，犹有曲子律缚不住者。在晋卿则应徽按柱，敛气循声，兴象风神，悉举骚雅古怀，纳诸令慢，标碧山为词家四宗之一。此宗超诣，晋卿为无上上乘矣。玉田所谓清空骚雅者，亦至晋卿而后尽其能事。其与白石不同者，白石有名句可标，晋卿无名句可标。其孤诣在此，不便摹拟亦在此。仲修备识渊源，对之一词莫赞。毗陵词人，亦更无能嗣响者。可谓门风峻绝。

录自《蒿阁琐谈》

刘融斋论词精当

　　止庵而后，论词精当，莫若融斋。涉览既多，会心特远。非情深意超者，固不能契其渊旨。而得宋人词心处，融斋较止庵真际尤多。

录自《菌阁琐谈》

角谓之经

　　故友汪仲伊说《庄子》庖丁鼓刀，合于《桑林》之舞，乃中《经首》之会。《经首》之经，即角谓之经之经。盖《桑林》之歌，以角为音首。愚按《路史》："颛顼高阳氏作五基六罄之乐，以调阴阳，享上帝。"又曰："帝喾高辛氏作九招，制六列五罄，享上帝以中罄。"罄罄皆经字或体也。以角为首，五帝遗音欤？《路史》又云："帝尧又制《咸池》之舞，《经首》之诗，以享上帝。"《宣和博古图》有宋公成之罄钟六枚，大晟府取以为钟式。

录自《笔记》

仲吕之徵

　　《淮南·天文训》曰："甲子，仲吕之徵也。丙子，夹钟之羽也。戊子，黄钟之宫也。庚子，无射之商也。壬子，夷则之角也。贲居子以为元秘。"今按旋宫法推之，仲吕宫以黄钟为徵，夹钟宫以黄钟为羽，无射宫以黄钟为商，夷则宫以黄钟为角，五声皆应黄钟之律。其甲丙戊庚壬之次，则徵羽宫商角之次也。徵羽倍而宫商角正，故宫为中声，戊为中央土。此说与《管子》合。

录自《笔记》

五音字义

《汉志》："商之为言章也，物成孰可章度也。角，触也。物触地而出，戴芒角也。宫，中也。居中央，畅四方，唱始施生，为四声纲也。徵，祉也。物盛大而繁祉也。羽，宇也。物聚藏宇覆之也。"此与《白虎通》角跃、徵止、商张、羽纡、宫容同，皆以叠韵说义；与《尔雅》以五音分配者不同。惟《管子》所谓黄帝以其缓急作五声，以政五钟令，其五钟：一曰青钟大音，二曰赤钟重心，三曰黄钟洒光，四曰景钟昧其明，五曰黑钟隐其常。黄钟之洒，即《尔雅》之重；景钟之昧，即《尔雅》之敏；黑钟之隐，即《尔雅》之柳也。青钟赤钟协韵，而无本类字，盖有脱文。《管子》又称黄钟小素之首，以成宫。素亦齿类字。《吕氏春秋·古乐》篇："伶伦黄钟之宫，吹曰舍少。"舍少亦皆齿音，犹之洒素，犹之重也。《乐动声仪》云："作乐制礼时，五音始于上元戊辰，夜半冬至，北方子。"郑氏注云："戊为土位，土为宫，宫为君，故作乐尚之，以为始也。"又曰："起于太素，十一月阏逢之月，岁在摄提格之纪，是云作乐制礼。"按郑氏所谓太素者，即《汉志》所谓黄钟为天统说也。半黄钟为小素，故黄钟称太素矣。又《尚书大传》："六律、五

声、八音、七始著其素。"郑注以黄林太姑应蕤释之。是七始即七
均。著其素者，著其宫声也。

录自《笔记》

《汉书·律历志》说黄钟

　　《律历志》"五声之本，生于黄钟之律"云云。班氏说也，有三统之义焉。"其传曰"以下，则历家古义也。黄曰钟，黄者中之色，君之服也。钟者，种也，阳气施种于黄泉，孳萌万物，为六气元也。大吕，言阴大，旅助黄钟宣气而牙物也。太族，言阳气大，奏地而达物也。夹钟，言阴夹助太族，宣四方之气而出种物也。姑洗，言阳气洗物辜絜之也。中吕，旅助姑洗宣气齐物也。蕤宾，言阳始导阴气使继养物也。林钟，君主种物长大楙盛也。夷则，阳气正法度而使阴气夷当伤之物也。南吕，任成万物也。无射，阳气究物也。应钟，该藏万物而杂阳阂种也。此章说元气周流六虚，阳唱阴助，与《易》"神也者妙万物而为言"章义同。曰施种，曰出种，曰主种，曰阂种，种之谓元气，元气之谓神，而重者种所从以得声者也。宫谓之重，其义微矣。《吕氏春秋》："吹曰舍少。"少即妙也。

录自《笔记》

十二律名梁武帝说

梁武帝说十二律义，与诸家不同，见于陈旸《乐书》所引。"黄钟：黄，宫音，土也。钟，羽音，水也。阳数得五，土数也。处于坎，水宫也。万物生润于水土，故以黄钟名之。大吕：大，商音，金也。吕亦商音，金也。土，金之母也。丑，土金之墓也。以二商建首，故以大吕名之。太蔟：太，商音，金也。蔟，徵音，火也。建寅之月，金之出墓，火之长生，木之临官，土之传气，水之合德，皆在于寅，故以太蔟为名。夹钟：夹，徵音，火也。钟，羽音，水也。夹助太蔟而出种。姑洗：姑，宫音，土也。洗，羽音，水也。三月，辰土也，而为水墓，故有水土之名。土养万物，须水为润，然后得以姑洗为名。中吕：中，宫音，土也。吕，商音，金也。四月土气方王，巳，金之本宫，固有宫商二宫。蕤宾：蕤，徵音，火也。宾，角音，木也。火木极，故有徵角二音。林钟：林，徵音，阳也。钟，羽音，阴也。夷则：夷，羽音，水也。则，角声，木也。南吕：南，徵音，火也。吕，商音，金也。无射：无，角音，木也。射，商音，金也。应钟：应，角音，木也。钟，羽音，水也。木长生于亥，故言木，十月是水，故言羽。"按《旧唐志》，梁武帝有《乐社大义》十卷，《乐论》三卷，《新唐志》同。《宋志》无二书，而有梁武帝《钟律纬》一卷。陈氏所载梁武帝说，其《钟律纬》遗说耶？以五音释十二律名，用意与释乐五字例同。特黄姑中之为宫，大吕太射之为商，宾则无应之为角，蕤夹蕤林南之为徵，钟洗夷之为羽，五音分配，绝与韵家分配不同。此或有汉、晋乐家旧法存其中，记诸此以待达者。

录自《笔记》

伊越调小植调

　　《新唐书·骠国传》，"奉圣十二曲，其七曲律应黄钟商，五曲律应黄钟两均，一黄钟商伊越调，一林钟商小植调。"按：伊越调即乐府杂录越调，小植调即杂录小石调也。第宋世越调，俗名道宫，律名仲吕商，小石调俗名黄钟宫，律名无射商耳。

录自《笔记》

杜诗剑器浑脱

剑器浑脱，自来注家无的解。张啸山《舒艺室余笔》云："《宋史·乐志》，教坊所奏十八调，中吕宫曲、黄钟宫曲，皆有剑器一调。然则剑器是曲名，歌者歌而舞者舞也。浑脱疑亦舞曲名。"按：《通考》，圣节大宴，有小儿队女弟子队，皆舞队也。小儿队十，第二曰剑器队，第七曰玉兔浑脱队。此可证张君舞曲之说。《乐书》一百六十一说犯调云："乐府诸曲，自古不用犯声，以为不顺也。唐自天后末年剑器入浑脱，始为犯声之始。剑器宫调，浑脱角调，以臣犯君，故有犯声。明皇时乐人孙处秀善吹笛，好作犯声。时人以为新意而效之，因有犯调。"云云。陈书多引唐人旧记，此为杜诗最的证矣。

录自《笔记》

律管长度

四倍黄钟之管，声应姑洗之律角声六字。长今尺一尺一寸五分七厘二毫。黄钟八分之四管，即半黄钟。声应姑洗之律角声六字。长今尺五寸七分八厘六毫。黄钟之管，长今尺七寸二分九厘，其姑洗之分，长今尺五寸七分六厘。凡同形管，某律之长，恒比黄钟管某律之长略赢分许。

录自《杂家言》

四声配五音

四声配五音，《琵琶录》以平声为羽，上声为角，去声为宫，入声为商，上平声为徵。徐景安《乐书》以上平声为宫，下平声为商，上声为徵，去声为羽，入声为角。皆唐人述唐世法也。说既不同，又直以《广韵》卷数分配，上下平岂有殊绝界限，如上去入之可分哉？《辽史·乐志》，袭唐教坊之旧，又有春声曰平、夏声曰上、秋声曰去、冬声曰入之说，则唐乐家且有三说矣。宋《乐髓新经》，以四呼分五音，其说曰："合口通音谓之宫，其音雄洪，属平声。开口吐声谓之商，音将将仓仓然。声出齿间谓之角，喔喔确确然。唇合而齿启谓之徵，倚倚嚱嚱然。齿开唇聚谓之羽，诩雨酾苧然。"平有专属，而上去入无专属，盖始变唐人之法。宫声合口呼，商声开口呼，角徵齐齿呼，羽声撮唇呼也。然齐齿撮唇，乃开口合口四呼中第四等字，字较上三等多寡悬殊，于用不周，而齐齿中复分开合为角徵，角徵之字且益少，不知当日施之实用如何？而角徵之字引喉吐气，分别调剂，又如何也？故尝疑唐、宋徵调亡阙，此亦一因。清浊平可分，而上下平不可分，齐齿字少，不足充角徵二音之用也。沈存中论音韵云："分五音法不一，乐家所用，则随律命之，本无定音，常以浊者为宫，稍清为商，最清为角，清浊不常为徵羽。五姓家则以韵类清浊参配。"云云。《论衡·诘术》篇："五音之家，用口调姓名及字，用姓定其名，用名正其字，口有张歙，声有内外，以定五音宫商之实。"是则唐、宋乐家，虽各有分配之法，又别有适宜之法。清浊叶音，于理家合。惟韵家有最浊无最清，意或指各类第一字耶？

录自《全拙庵温故录》

大晟乐

北曲兴而词变，大晟律吕之法，俗乐中荡然不存，而大常雅乐，元袭宋，明袭元，一线相沿，未尝改作。郑世子之言曰："宋大晟乐，方士魏汉津所造，取徽宗指寸为律。朱子所谓崇宣之季，奸谀之会，黥涅之徒，不足以语天地之和，指汉津言也。其乐器等，汴破入金，改名大和。金破入元，改名大成。元亡，乐归于我。今太常所谓雅乐，及天下学宫所谓大成乐，盖汉津之律也。汉津之杜撰，自不能服宋人之心，而金元以来反遵用之，无敢议其失者，理不可晓。"此郑世子知明太常乐袭宋大晟旧法也。《续通考》《明史·乐志》，皆载十二月按律乐歌，大略与《词源》合。正月太蔟，本宫黄钟商，俗名大石，曲名《万年春》。二月夹钟，本宫夹钟宫，俗名中吕，曲名《玉街行》。三月姑洗，本宫太蔟商与太蔟本宫黄钟商同例，俗名大石当作高大石，曲名《贺圣朝》。四月仲吕，本宫无射徵，俗名黄钟正徵，曲名《喜升平》。五月蕤宾，本宫姑洗商，俗名中管双调，曲名《乐清朝》。六月林钟，本宫夹钟角，俗名中吕角，曲名《庆皇都》。七月夷则，本宫南吕商疑当依《词源》作南吕闰，或南吕角，俗名中管商角，曲名《永太平》。八月南吕，本宫南吕宫，俗名中管仙吕，曲名

《凤皇吟》。九月无射，本宫无射宫，俗名黄钟，曲名《飞龙引》。十月应钟，本宫姑洗徵，俗名中吕正徵，曲名《龙池宴》。十一月黄钟，本宫夷则角，俗名仙吕角，曲名《金门乐》。十二月大吕，本宫大吕宫，俗名高宫，曲名《风云会》。雅俗诸名，皆用宋世之旧。而中管五调，宋世俗乐所无，独太常雅乐有之。此明太常乐即宋大晟乐，最显证也。《明史·乐志》："张鹗言，太常乐黄钟为合，似矣。其以大吕为下四，太蔟为高四，夹钟为下一，姑洗为高一，夷则为下工，南吕为高工之类，皆以两律兼一字，何以旋宫取律，止黄钟一均而已？部复鹗奏，称蕤宾之勾，应钟之凡，其以字眼配律吕，亦如大晟之法。鹗奏，太庙乐南钟均用林钟起调，林钟毕调，黄钟均用黄钟起调，黄钟毕调。"云云。则朱子所称张功甫行在谱子，大凡压入音律，止在首尾二字，明太常乐人犹世守之。凌次仲以起调毕曲为蔡氏所撰。彼太常乐人，岂尝读蔡氏书哉？

录自《全拙庵温故录》

起调毕曲

凌次仲谓起曲毕调之说，《律吕新书》撰出，于古未之前闻，盖沿毛西河《竟山乐录》之论。西河论乐至谬，陈先生既辟之矣。而起调毕曲之规律，亦不始于大晟。考之《宋史·乐志》，刘几等言："明堂景灵宫降天神之乐六奏，旧用夹钟之乐三奏，谓之夹钟为宫；夷则之均一奏，谓之黄钟为角；林钟之均一奏，谓之太蔟为徵，姑洗为羽。而大司乐凡乐圜钟为宫，黄钟为角，太蔟为徵，姑洗为羽。圜钟者，夹钟也。用夹钟均之七声，以其宫声为始终，是谓圜钟为宫。用黄钟均之七声，以其角声为始终，是谓黄钟为角。用太蔟均之大声，以其徵声为始终，是为太蔟为徵。用姑洗均之七声，以其羽声为始终，是为姑洗为羽。今用夷则之均一奏，谓之黄钟为角。林钟之均二奏，谓之太蔟为徵，姑洗为羽。则祀天之乐，无夷则林钟而用之，有太蔟姑洗而去之矣。唐典，祀天以夹钟宫、黄钟角、太蔟徵、姑洗羽，乃周礼也。宜用夹钟为宫。其黄钟为角，则用黄钟均，以其角声为始终。太蔟为徵，则用太蔟均，以其徵声为始终。姑洗为羽，则用姑洗均，以其羽声为始终。"按几所言，即范镇所谓自唐以来，三大祀乐谱并依周礼，而其说有黄钟为角，黄钟之角。黄钟为角者，夷则之宫。黄钟之角者，姑洗为角之率也。旧所用者，黄钟为角，太蔟为徵，姑洗为羽。凡改正依唐典，则为黄钟之角，太蔟之徵，姑洗之羽。其所称用某均，以其某声为始终，即起调毕曲之法也。凡、镇所言，皆祖唐制。则起调毕曲之法，或竟出于唐世，未可知已。

录自《全拙庵温故录》

乐髓新经

《宋史·乐志》："景祐《乐髓新经》六篇，第一释十二均；第二明所主事；第三辨音乐；第四图律吕相生，并祭天地宗庙用律及阴阳数配；第五十二管长短；第六历代度量衡皆本之于阴阳，配之于四时，建之于日辰，通之于鞬竺，演之于壬式遁甲之法。"云云。今按：十二均篇之说，载于《律历志》中，其曰"黄钟之宫为子为神后，太蔟商为寅为功曹，姑洗为辰为天刚"之类，所谓"演之壬式遁甲"也。其"黄钟宫为土为鸡缓，太蔟商为金为般颉，姑洗角为木为嗢没斯，林钟徵为火为云汉，南吕羽为水为滴，应钟变宫为日为密，蕤宾变徵为月为莫"，自来不得其解。按藏经《七曜攘灾诀》，土曜曰鸡暖，即志之鸡缓也。金曜曰郁颉，即志般颉。木曜曰温没斯，即志嗢没斯。火曜曰云汉。水曜曰喧，即志之滴。日曜曰密。月曜曰莫吉，即志之莫。以七曜配七音，即所谓通之以鞬竺也。《唐志》：龟兹乐器，多与天竺相同。沿及宋初，犹存影响。《乐书》百五十九，叙胡曲调云："宫调，胡名婆陀力调，婆罗门曰阿修罗声。商调，胡名大乞食调，婆罗门曰帝释声。角调，胡名涉折调，又名阿谋调，婆罗门曰大辨天声。徵调，胡名婆腊调，婆罗门曰那声。延天罗羽调，

胡名般涉调，婆罗门曰梵天声。变宫调，胡名阿诡调也。"此称龟兹
曰胡，当是唐人所传天竺乐说。胡有七调，而天竺止六调，变宫调无
天竺名。然则天竺乐无二变。苏夔之议，陈旸所主，得无影响僧徒
耶？《隋志》有陈沙门智匠《古今乐录》十二卷，魏僧《乐元》一卷，《当管七
声》二卷，皆僧徒为乐学者。

录自《全拙庵温故录》

私家按乐器

　　《醴泉笔录》云："持国按乐，见弦断弦续者，笙歌之类，吹不成声，诘之曰：自有按乐器。国家议黍尺数年，造乐器费以万计，乃用乐家私器，以享宗庙。"按:《乐书》多引大晟乐法，意即取私器法以为官法欤? 此所谓私家按乐，意竟是隋唐以来相承旧法旧器，未可知也。

录自《菌阁琐谈》

《字谱》昉自唐人

陈旸《乐书》卷一百五十七，论曲调曰："清乐尽于开元之初，十部亡于僖、昭之末。流及五季，惟宴乐饮曲存焉。圣朝承末流之弊，雅俗二部，惟声指相授，按文索谱。故音曲之变，其异有三。拟乐府者作为华辞，本非协律，诗乐分二，去本浸远。此一异也。古者乐曲，词句有常，或三言四言以制宜，或五言九言以授节，故含章缔思，彬彬可述。辞少于声，则虚声以足曲，如《相和歌》中有伊夷吾邪之类，为不少矣。唐末俗乐，盛传民间，然篇无定句，句无定字，又间以优杂荒艳之文，闾巷谐隐之事，非如《莫愁》《子夜》，尚得论次者也。故自唐以后，止于五代，百氏所记，但记其名，无复记辞。此二异也。古者大曲咸有辞解，前艳后趋，多至百言。今之大曲，以谱字记其声折，慢叠既多，尾遍又促，不可以辞配焉。此三异也。"按：旸书多引唐人旧籍，若赵耶利、李冲之《琴学》，《大周正乐》，唐乐图之《器象》，《通志》:《大周正乐》一百二十卷，无撰人。《宋志》:《大周正乐》八十八卷。注：五代窦俨订论。皆沈存中、王晦叔所未见。其他亦多本唐人遗说，惜其不尽著所出也。据此条称宋承唐五季流弊，"雅俗二部，惟声指相授，案文索谱"，则知《管色字谱》，远自唐传。白石歌曲旁注，盖仿唐人按文索谱旧式。世谓字谱始宋人，误也。宴乐饮曲，文谱相承，而犹有篇无定句、句无定字之弊，于《花间》小令，字句多参差可征之。词家不为音家束缚类然。景祐以后，乃渐齐一矣。抑《花间》多蜀词，宋初教坊乐工，得之西蜀者多。欧阳炯所叙录，意固蜀伶工所私记者耶？《崇文总目》："《周优人曲辞》二卷，周吏部侍郎李上交、翰林学士李昉、谏议大夫刘俦纂录燕乐优人之曲辞。"此五代中原词选，惜其不传。《乐书》叙雅琴，称"太宗皇帝因大乐雅琴，更加二弦，召钱尧卿按谱，以君臣文武礼乐正民心九弦，按曲转入大乐，十二律清浊互相合应。御制《韶乐集》中有《正声翻译字谱》，又令钧容班部头任守澄并教坊正部头花日新、何元善等注入《唐来宴乐半字谱》，凡一字先以《九弦琴谱》对大乐字，并《唐来半字谱》，并有清声。今《九弦谱》内，有《大定乐》《日重轮》《月重明》三曲，并御制大乐《乾安曲》。景祐《韶乐集》内《太平乐》一曲，谱法互同，他皆仿此。可谓善应时而造者也。"按：此所称《唐来宴乐半字谱》，尤足为《唐人管色字谱》显证。太宗《九弦琴谱》、景祐《韶乐集》，盖皆辞与谱并载者。又可知白石《越九歌》《琴曲》所祖述矣。

芝庵论曲术语可寻词曲递嬗之节

芝庵论歌之格调，顶叠垛换之顶叠，即《广记·寄煞诀》"轮顶两斯顶"之顶，亦即《词源》"丁住无牵逢合六"之丁，《总叙诀》"丁声上下相同"之丁也。萦纡牵结之牵，即"丁住无牵"之牵。敦拖呜咽之拖，即《词源》"声拖字拽"之拖。敦即《寄煞诀》"敦指依数行"之敦也。《词源》无敦字，而"大顿声长小顿促"句下注云："顿，都昆切。"则顿字即敦字也。歌之节奏，有停声，有待拍，即《词源》"停声待拍慢不断"也。有偷吹，有拽掉，拽即"折拽悠悠带汉音"，"声拖字拽疾为胜"之拽，又即丁抗掔拽之拽也。凡歌一声，声有四节。曰起末，即《词源》"举本轻圆"之举本；曰过度，即"字少声多难过去"之过去也。凡歌一句，句有声韵，一声平，一声背，一声圆，平即《词源》"腔平字侧"之平，圆即"举本轻圆"之圆也。凡一曲中各有其声，曰敦声，曰抗声，抗声即《词源》"抗声特起直须高，抗与小顿皆一措"也。凡歌有三过声，曰取气，即《词源》"忙中取气急不乱"之取气。曰换气，即《词源》"拗则少入气转换"之气转换也。他若谓调有子母，有姑舅兄弟，有字多声少，有字少声多，既与《词源》"字少声多难过去"相证，又与白石徵为子母调之说相证。放揹儿、明揹儿、暗揹儿、长揹儿、短揹儿、碎揹儿，则皆《词源》七敲八揹之作用也。芝庵盖金、宋间人，故所用术语，犹与词家承接。而词曲遞嬗之节，亦可于此寻之。

录自《全拙庵温故录》

宋世乐曲分配四声之法

白石《乐议》："七音之协四声，各有自然之理。今以平入配重浊，上去配轻清，奏之多不谐协。"据此知宋世乐曲分配四声之法。寄闲翁《瑞鹤仙》词："粉蝶儿扑定落花不去。"扑字不协，改为守字始协，其平入与上去之界限软？至《惜花春起早》："琐窗深。"深字不协，改幽字，又不协，改明字乃协。得非深韵闭口，幽韵撮口，与明字穿鼻开口之异耶？玉田言唇齿喉舌鼻，而不言唇齿喉舌牙，意当是述歌者之言。缘此故而平声可为上入，则又知乐家喜轻清，不利重浊也。乐府传声，极注重开合齐撮。虽昆曲与宋词不同，然人声口势，古今不易，固可推类比知也。

录自《全拙庵温故录》

《笔谈》论歌与《词源》合

　　《笔谈》卷五："古之善歌者有语，当使声中无字，字中有声"一条，即《词源》"举本轻圆无磊块"之详说也。以芝庵起末过度证之，或末字为是。第《词源》四语皆是说声中无字一边，《笔谈》所谓字中有声，如宫声字而曲合用商声者，则能转宫为商歌之，此为《词源》《指要》所不详。然《音谱》所谓"听者不知宛转迁就之声，以为合律；不详一定不易之谱，以为失律；矧歌者岂特忘其律，抑且忘其声字。"云云，未尝不含有转宫为商之变换。而失律合律，听者乃无定论。字中有声之诀，意紫霞、寄闲诸公所不讲耶？《笔谈》称古之善歌者，盖唐人旧传欤？

　　　　　　　　　　　　　　　　　录自《全拙庵温故录》

顾仲瑛论曲

顾仲瑛《制曲十六观》，全抄玉田《词源》下卷，略加点窜，以供曲家之用。于此见元人于词曲之界，尚未显分，盖曲固慢词之演化者也。其第十五观云："曲中用字有阴阳，法人声自然音节。到音当轻清处，必用阴字，当重浊处，必用阳字，方合腔调。用阴字法，如《点绛唇》首句，韵脚必用阴字。试以"天地玄黄"为句歌之，则歌黄字为荒字，非也。若以'宇宙洪荒'为句，协矣。盖荒字属阴，黄字属阳也。用阳字法，如《寄生草》末句，七字内第五字必用阳字。以'归来饱饭黄昏后'为句歌之，协矣。若以'昏黄后'歌之，则歌昏字为浑字，非也。盖黄字属阳，昏字属阴也。"此一则为《词源》所无，然可与彼先人晓畅音律条相证。阴字配轻清，阳字配重浊，此当是乐家相传旧法，乃与《乐府杂录》段安节所谓上平声为徵声者隐相符会。向常疑上平声为徵声，语不可解，若易之曰阴平声为徵声，则可解矣。

录自《菌阁琐谈》

龟兹乐

　　《隋书·音乐志》："龟兹者，起自吕光灭龟兹，因得其声，吕氏亡，其乐分散。后魏平中原，复获之，其后声多变易。至隋有西国龟兹、齐朝龟兹、土龟兹等，凡三部。开皇中，其器大盛于闾闬，有曹妙达、王长通、李士衡、郭金乐、安进贵等，皆妙绝弦管。新声奇变，朝改暮易。炀帝大制艳词，令乐正白明达造新声，创《玉女行觞》《神仙留客》等曲。帝谓幸臣曰：多弹曲者，如人多读书。读书多则能撰书，弹曲多则能造曲。"齐后主能自度曲，别采新声，倚弦而歌，为《无愁曲》，意即所谓齐朝龟兹。而周武帝聘后于北狄，所得康国龟兹诸乐，其土龟兹邪？曹妙达在齐封王，入隋犹盛，齐、隋乐相受可知。西凉乐在魏、周之间为国伎，又号为秦、汉伎。然其实起苻氏之末，吕光、沮渠蒙逊等据有凉州，变龟兹声为之，非华夏旧器。亦惟《隋志》述之最详。九部乐中，龟兹、天竺、康安乐器大同。龟兹歌曲有《善善摩尼》，解曲有《婆伽儿》，舞曲有《小西天》，多涉佛事。后来唐人法曲，椎轮此矣。

　　　　　　　　　　　　　　　　　　　　录自《札记》

《合生》

　　《梦华录》杂伎艺有合生,《元典章》有高合生之目。《新唐书·武平一传》:"宴两仪殿,胡人辙子、何懿等唱《合生歌》,言浅秽,因倨肆,欲夺司农少卿宋廷瑜赐鱼。平一上书谏曰:胡乐施于声律,本备四夷之数。比来日益流荡,异曲新声,哀思淫溺。始自王公,稍及闾巷,妖妓胡人,街童市子,或言妃主情貌,或列王公名质,咏歌蹈舞,号曰《合生》。"是则《合生》本出西胡,附合生人本事,与踏摇、参军演弄故事不同。《通考》唐宋百戏,均不列《合生》,盖不属于教坊也。

录自《札记》

长沙书坊刻《百家词》

《录鬼簿》："胡正臣，杭州人，能歌董解元《西厢》，至于古之乐府、慢词、李霜崖赚令，无不周知。其子存善，能继其志。《小山乐府》、仁卿《金缕乐府》、瑞卿《诗酒余音》，至于群玉丛珠，裒集诸公所作，编次有伦。及将古本□□，直取潭州易氏印行元文，□读无讹，尽于书坊刊行，亦士林之翘楚也。"愚按古本下阙二字，今疑是乐府字。潭州易氏印行元文，疑即《直斋书录解题》所录长沙书坊刻《百家词》也。

录自《札记》

广西巡抚吴公昌寿墓志铭

公讳昌寿，字仁甫，一字少村，浙江嘉兴县人。曾祖高埈，举人，官江苏桃源令。祖廷钦，县学生。父德淳。并有学行，为世轨则。迨公贵，赠官如例。

公应天淑灵，受识开敏，劬学早岁，博通群书。道光丁酉拔贡，庚午举于乡，乙巳成进士。以知县之广东，初权连平州事，政蠲瘵劾，吏怵神明。属群盗毛生，列邑蟖沸，公练民为兵，出奇制胜，咸推大将才，以劳浒升知府，赐孔雀翎，署韶州府事。韶搤全粤形胜，守兵不满千，贼骤至十余万，炮石雨注，隧穴雷轰。公茵凭危堞，衷袒层甲。阅十月，卒保孤城，兼犁贼垒。补广州知府，未受事，会海氛不戢，居民震惶。大府知公能，檄守外城。凝立碉楼，周葺颓堵，敌奢睢阳严令，城赖墨翟善御。是后历五年，再摄监司，恒援桴行间，传餐戎帐，大鞬大膊，累战累捷，殪悍酋无算，复名城数十，功叙惟首，帝简在心。由臬藩开府武昌，两年之间，三迁厥位。鄂当天步初奠，民气未复。公乃导灵和，宣恺弟，庶尹允谐，百隳俱振。朝廷以发捻遗孽窜聚齐豫间，复移公抚河南，会师扼剿。尽驰驱之瘁，植澄清之基。

寻缘事左官，公眷念桑梓，归展松楸。岁星未周，大云复起，即家再授粤藩，旋署广西巡抚。靖兵氛，兴文教。才逾月，宿痰不斟，景命遽陨。年五十八，时同治六年七月九日。越一载，卜葬邑之长水乡。

公宅性慈惠，镢躬廉洁。典兵十年，多所矜活。分财三党，没鲜储蓄。夫勤劳王事，茂功也；睦恤姻族，穆行也。用能禶誉旗常，履福始终，于虖铄矣！

夫人徐氏，通诗礼，喜济施，后公三十五年卒，祔公之茔。子一，受福，己卯举人。女二，均适士族。孙一。同邑沈曾植为之铭。铭曰：

伟人膺期靖邦瘵，儒文侠武兼济廓。呴柔翼屏执奸毒，以义为仁威作福。东江北江劳独倷，刀剑销藏字牛犊。吁功未竟涉沜鄂，再莅苍梧奄殂殡。嶂夒箐魖蔓蓝藊，后四十年疾为复，讴思慕公公不作。

沈达夫先生墓志铭

　　夫时已去者理穷，人或亡而心在，积憧憧于日往月来之宙，远近亲疏，将迎离合，强记巧算不能持。有人焉，去之数十载而若存，謦欬神明，炯然常在。微其感余怀者，特异而不同，则曷为有此？此余铭吾达夫之墓，唏歔流连而不能自已也！

　　达夫讳璋宝，秀水人，道光癸未进士，江苏淮海徐扬道莲溪先生子也。又希堂沈与我东湖头沈世通谱，莲溪盖我水部公授举业师，而行序为兄弟，故达夫之兄书森太守与我戟廷兄为昆季，游于南中。而达夫与弟子美与余为昆季，游于都下。年相若，学相长，志相尚也。达夫幼以奇童称，余少于达夫六年，在塾中闻之也久。同治庚午，达夫兄弟同举浙闱秋试，辛未春，来集京师，始相见。达夫长驱危立，鸢肩而鹤顾，眉宇癯秀，旷然有异恒人，心益敬焉。自此相从游，上下其议论。

　　甲戌、丙子、丁丑、庚辰，达夫兄弟四上春官，皆与余同小寓。小寓者，赁近贡院民居数间，便出入，率六七人聚处，眠食共劳苦，宋人所谓权歇驻著者也。余以太夫人属望，临试焦切动形神。达夫处境与余同，而意念廓然，时时举杨园、清献书以相警，其言若冰雪沃余心。余之颛愚，得不汩于世俗，信道而欲仁，即事以见性，则达夫之体益也多。既试毕，则相与考年程所得。其论学以张、陆二先生为准则，而上溯程、朱，以得唐宋会通。于经则由高邮王氏、栖霞郝氏之小学，以甄六艺，尤喜称李次白、钟子勤两先生之为人。于史长地理，尝欲于《水经注》有所疏证，而未见其稿。于古文尤笃好之，以为桐城方、姚，实一代文章之正轨，而治其学者，不能无体下之讥，学不足则然。常州恽子居，吾乡钱衍石先生，近日湘乡曾文正公，皆得学本于古人，用以剂方、姚，入其室而不践其迹者也。达夫之议论宗尚如此。而所自为文，则由钱氏以溯震川，质古清邃。诗体籛石斋，讽味寒、拾，归心于净域。谓云栖、憨山之学，闲邪存诚善世，于儒家言不相违而相益。持名号，发宏愿，游心于常寂光中。縠成庶常特敬畏之。

既屡试被放，即亦无意于当世。注选得校官，奉母于吴兴山中。于是达夫得自遂出世之度，翛然于爱恶攻取之外，无复有尘滓干其胸臆，于余辈自此远矣。辛巳秋，余访之于苏州，游天平，坐僧房，听泉声，欣然意会。卧君斋中六日，论当世诸君子事业学术得失，箴砭多至言。癸未，得君书，苍古若国初逸民，所以期勉者愧无以副君意。越九年，太夫人卒于乌程官舍，君扶枢归里，积毁催伤，神形俱瘁，逾祥而卒，年四十八。

所为文字，及草创未就书稿，字奇古断阙不可识，嗣子庭收辑可诵者，才诗文数十首，非其至者也。君神明萧远，其生也，趣尚殊异于人人；其亡也，超遥憺寂于空居。无色之常，固非复世间文字语言所当拟议，凡余所述，其诸非君意也耶？昔尝拟君，于六朝为张融，于唐为萧颖士，君不以为知言，则君之所存，非凡情所可测识，决也。庭能文，学佛有悟解，请为铭。铭曰：

斯人非一世之士也，庄生有言，畸于人而侔于天。乃其致谨于持躬为学之间，曾不离规矩，谨守方圆。后代渺然，或信或传，若斧不謇。

录自钱仲联辑录：《沈曾植海日楼佚碑传》，
《文献》1993 年第 2 期

王君菊人墓志铭

黄岩有隐君子曰王君菊人，先生纯德笃行，韬声闭曜，以孝于亲，修于家，施于族党间比，垂裕于子孙。子孙绳绳，蕃衍且盛大矣。先生年七十四而卒，卒后几年，子彦威，卜吉于县之某乡某山，安崇宅兆，筮日营窆，以埋幽之辞属曾植。曾植与彦威游久，礼辞不得。谨按状：

先生名某，字某，菊人者，别字也。祖进修，父祖高，三世皆以彦威官封赠某官某大夫。王氏世居黄岩之西桥，已而徙县前直下街，又徙城东东禅巷。先世积高赀，及先生父世，稍稍倾陊矣。先生少时，敦敏长悌。考师耆执，属目倾襟，期成远大。先生尤摩厉研习，劬学砥节，卓自树立。尝一应县试，高等矣，以疾挛不克赴院试。而生计日艰，先生念薄田之不赡，亲年笃老，瀡瀡鲜欢，无已时也，慨然自请于父，且读且学计。洊遭海警，荡析失居，终遂弃儒而贾。其始母本二百缗而已，贾五年而利倍息。析肆为四，分使诸弟主之。为诸弟授室，诸女弟择佳婿。旨滑色养，既敬既安。于是祖高公得以颐养优游，龄登大耋。临没，顾先生而言曰：吾赖汝贾，得温饱，汝事我孝，汝妇诸弟皆事我孝。独吾耿耿于中者，贫故辍学耳。善教汝子，他日述我志。先生泣受命，及后彦威兄弟就学，先生与卢太夫人躬自督程，昕夕靡间，卒昌儒业，成父志也。先生与诸弟有挚爱，列肆分业，日旰会食，言笑晏晏，纤琐不匿，储蓄无私财。仲、叔先没，抚视诸从子犹弟也。季屡折阅，丧其资，先生析所有之半畀之，已又举所有悉资之，犹不足，则悉肩其债负。季勿谢，先生无愠容。

自咸丰之末，而台州数警。十一年，黄岩陷于贼。同治二年，城复。先生始避寇邑之五部，徙石瞥，徙嶮坑，资业荡焉。乱定，矻矻仅复业。于时遭寇之责十偿三，官司契令。先生愀然曰：诸托财于我者，若孤茕，若孀寡，若衔弹邑义，其堪任此减率耶！一旦如实悉偿之，而人之贷于己者，一如令。受者大欢，乡里皆太息钦厚德，而先生贾业，自此亦不振矣。

彦威举于乡，适馆近游，以营甘菽水。先生处约怡然，犹谋所以赡宗族，尊祖祢者，拮据成宗祠三楹。彦威仕浸通显，先生晚岁，老意益舒泰矣，益思扩充之，事未竟而没。先生之宅心平，其于言也信，其接人惟诚、惟谦、惟俭。以是成其身，垂诸子孙。呜呼！古所谓教善行而不怠，耄期称道不乱者，先生是耶！

先生生于某年某月某日，没于某年某月某日。夫人卢氏，有文德。遗集一卷。事实具瑞安孙先生、南汇张先生所撰传。子几人：彦威，某官；彦某，某官；彦某，某官。孙九人。曾孙二人，方先生七十时，彦威乞假归祝，依慕不欲行，先生敦勉强遣之，已又遣其室从焉。暨疾病，而彦威不及归亲医药，终身以为悲。铭曰：

临海迤南，群山嶻嶻，狭于黄岩。海渚之汪，泉深土康，民直以方。王氏之先，嘉靖时迁，今五百年。厥贫而富，厥士或贾，儒风勿楛。吘嗟为学，牛毛麟角，百畬一获。先生觥觥，商隐儒行，何怍何撄。惟怀先志，匪达不止，匪孙惟子。后引云仍，视先生式程，聪听弗薈。乐石斯镌，我无訾言，万岁不骞。

录自钱仲联辑录：《沈曾植海日楼佚碑传》，
《文献》1993 年第 2 期

康太夫人墓志铭

　　宣统五年十月，南海康更生一作"康君长素"奔丧反国，经过沪上，植吊诸舟中。斩如崩痛，山海惨怆，鲜民之生，故创常在，追感丁酉，素车白马，康君吊我上都时也。一作："斩如受吊，山海惨怆，五中怛热，恍如光绪丁酉冬，植遭大故于老墙根寓屋，长素来吊我悼也。"一作："感君今状，念我昔时，愦愦经日，增悲怛也。丁酉素车白马，长素吊我在京师也。"越丁巳，二人一无"二人"两字蒙难，同处玉河桥馆，悲感身世，则益念蒙稚孤露，恩勤顾复，悼我生之不辰，罔极之报不酬，疾痛深而呼母憾天地焉曷籥。康君出所述《哀烈录》见示请铭，披卷卒读。呜呼！其忍无言。叙曰：

　　　　太夫人劳氏，南海人，赠光禄大夫少农康府君德配也。微音姓本，分奠琅琊，劳盛山民，祖祠莱母，遵海而南，蔚为巨族。父德芳，候补知府。母徐太恭人。劳氏七叶素封，三世长者。齐儒质行，孝谨名家。周耦系民，资乎富利。民功曰庸，潜光勿耀。是生令女，乃毓哲人。女子有行，言归康氏。封君硕德，太夫人懿范，琴瑟在御，至哉坤元。攸攸肃肃，敬侔宾友。《内则》礼容，《召南》诗志，《易》象《咸》《恒》，《春秋》义事。动容周旋，不习无不利。威姑寿考，孝乎惟孝。竭诚供养，允卒且安。蘋蘩之荐，锜釜以鬵，踖踖莫莫，爁爁如也。封公中寿不禄，太夫人独身闲家。巴水清台，梁国高行。季妇祗肃，见襄圣人。臧母贤明，有炜于传。松柏岁寒，受命独正。黄裳之吉，文美在中。威如有孚，严君正—作"谓"焉。康君阔达雄才，而名教之持，正容严气，有识推论，本诸母德。《卫风》之言，"母氏圣善"。《小雅》之诗曰："惟其有之，是以似之。"斯之谓与？

天笃降丧，邦有大故。康君忠信见疑，出疆行遁。川无静澜，家不宁居。太夫人提携稚弱，荡析播迁，徙居戎邑，去我安土，隐约他方。风云所以变色，白日黯而不光。予子行役，慎旃夙夜。母之念子，啮指不申。子之念母，心动精极。天高地辽，海波冥冥。兹尤康君所为焦肺干肝，百生长恸者也。丁巳国功，康君以弼德院长礼得封母为一品夫人。呜呼伤哉！不及见矣。

太夫人卒于宣统五年癸丑岁七月八日，寿八十三。越三年庚申，卜葬句容之茅山，古记所传金陵地肺，天后之便阙，请虚之东窗，疾病不往，洪波不登，实稽神之灵区，契河图之秘记，奠体魄于永宁，乘山川之纯气，地道罗浮，神无不之，紫盖白羽，将翱将翔。子子孙孙，受兹介福于其王母。铭曰：

雷雨动兮满盈，情不克纾兮辞不得平。孝子号天兮洸洸精诚。生则有尽兮没常在，山川盘盘兮青云晻蔼。万世不骞兮左己之后必大。

清翰林院侍读学士文君云阁墓表 ①

　　光绪三十年甲辰夏，萍乡卝竭。越八月，星陨于文氏之宫，有光赫然。庚午，服集其舍，故翰林院侍读学士文君云阁卒于里第。故无疾也，日哺时，作出与陈伯严、王木斋，已而进粥，粥罢就寝。夜中胸闷上气，姬某按抑定，挥手曰"止"，遂瞑。君于幽明昼夜之故，贞观洞明其去来，宜有大远恒常者，一旦洒然竟逝。呜呼，超化所及，岂常识所能臆测哉！

　　余以文字言议与君契，相识廿年，上下古今，无所不尽。尝窃以为先汉微言，东京纬候，魏晋玄风，宋元儒理，以君识学所积，专精一业，无不足以名家，顾君以资平议而已，终不屑屑纂述。君才于史部为尤长，穷其所至，亭林、竹汀，不难鼎足，晚颇亦有意于是，而日薄崦嵫，盛业不究，竹帛所存，千百十一，呜呼，其命也已！君所论内外学术，儒佛元理，东西教本，人材升降，政治强弱之故，演奇而归平，积微以稽著，于古学无所阿，今学无所阿，九州百世以观

---

① 钱仲联按：此篇文稿失收，余录自《昭萍志略》。文中所云"乙未岁大考翰詹"，误，当作"甲午"。

之。呜呼，岂得谓非有清元儒，东洲先觉者哉！后世绝学复昌，当有贵君如余言者。

君生咸丰丙辰，卒光绪甲辰，年四十九岁。其扬历则光绪壬午科顺天乡试举人，庚寅科一甲第二名进士，授职编修，乙未岁大考翰詹，一等一名，擢侍读学士，以盛名抗直，为忌者中之，罢官。戊戌政变，几险不测。及今岁恩诏旷荡，大臣或议起君官，而君逝。至君行事，当在国史，非尺碣所能详，乃概言其大者。铭曰：

　　山有夷兮川竭，至人不再兮至言不灭。穸壤矢之，有如皎日。

录自钱仲联辑录：《沈曾植海日楼佚碑传》，
《文献》1993 年第 2 期

蒋君墓表

君讳锡绅，字书箓，浙江湖州乌程人也。元圣茂绪，青骨灵祇，南北二望，镌于谱牒。南浔之蒋，来自江南，望系乐安，犹尚祖也。

具区之滨，厥田上上，代有良农，诞懋淳俗。君之高曾，世称长者，先畴名氏，继继炽昌。龙威之庭，府乎秘简；景伯之学，迺好古文。角趣鸿都之书，善巧石室之画。彬彬文质，爰暨乎君。生而岐嶷，童稚芬芳。七岁能诗，阙帻讲诵。群经既通，洗洞坟籍。师事谢城汪先生，则南纪之元儒也。博依在于亲师，别墨成乎当染。重差夕桀，特所研精。博士试业，以冠群隽。旋充秋赋，升于春卿。虽回溪垂翅，龙门曝鳞，而英声骏发，达于遐迩。言路方开，台司揖客，襄阳称夫凿齿，云间蔚乎士衡，诹《昌言》于长统，资作奏于葛龚，乘风载响，仁言利溥。君亦发抒怀抱，稍稍自慰焉。中书古官，今也散地，立政匪夫常敢，司徒异其高第，温温不试，翩翩其逝，居金门而陆沉，赋极栩而复所。君修徽缅之学，具研桑之智，蕴严徐之文辨，圭顿之远略，言高位卑，我驾世遗，景命不融，末疾遽遘。甲辰年八月二十六日卒，享年五十。邦人叹息，士友永怀，如何奄忽，丧我良士？既刊嘉德，传之当世。

惟君敦尚雅素，好图籍，乐昔古，绌于事力，未充其意。嗣子汝藻，秉兹遗志，缵绪逢年。粤恢晏氏之楹，若造孝堂之室—作"粤恢晏子之楹，若造武祠之壁"，苔雪流其温凉，浮玉藏乎石匮—作"玉山举乎石匮"，言刊第二之碑，用寄无穷之思。余昔潜郎署，君上公车，投缟相见，宾筵秩焉。既奇君高才，伤君不遇，阅逝水以成川，闵幽光于堂垅。汉世丰碑，情兼哀诔；今兹贞珉，义综赞颂。其辞曰：

玉之韫，荆山晖。卞氏献，楚国遗。若耶铜，纯钩资。欧冶遄，畴孰知。惟夫君，隽林猗。悦礼乐，行瑰琦。宜扬廷，备师师。数之畸，骏不驰。郁青霞，掩崦嵫。长无极，后祀思。刻乐石，讯来兹。

罗君楚墓碣

君楚，名福苌，吾友上虞罗叔韫第二子也。生而奇隽，修徐玉立。其学于经史古义无不通，绝代方言若西夏书，突厥书，回鹘书，梵天今古书，一能究其本末流变，将大有所述作，发明中国古书，补欧洲学者之阙失，观其通，规其全也。既冠学而成，年二十五岁而夭卒。遗稿盈箧，而鲜成书者，叔韫方将整理之。余治释氏学，常资异闻于君楚。君楚死，其父母诸从中外，咸蹙然若有丧。学者咸悲思，余悲特甚，为表其墓。铭曰：

昌黎之称李观也，曰才高乎当世，行出乎古人。我仪图之，君楚其伦。民兴泯棼，扬伪屈真。庶孤学之必显，勒隐痛于贞珉。

录自钱仲联辑录：《沈曾植海日楼佚碑传》，

《文献》1993 年第 2 期

杨居士塔铭

圣教之兴，以声为体，言语文字，三身五心，圣凡生佛，感应之道，莫切于斯。佛宝绝思量，僧宝有隆替，宏济万类，传佛种性者，其法宝乎。其在西土，以结集为决择，灭后七日，迦叶、阿难为一结集于毕钵罗窟，而四含经定。后一百年，优波麴多为第二结集于毗舍离城，而五部律出。后三百年，胁尊者为第三结集于弗楼沙国，而大小二乘十二部三藏备全。四含五部之流为六足，为婆沙，十二部立而方等、瑜祇、般若、法华、华严、涅槃、大日，显密具焉。

盖一度结集，即一度光明，于成事既然。其在东土，始以叙录为甄综，继以雕刻为宏布，自宋、辽、元、明，爰暨我朝，敕刊经藏不具论。其人间僧俗，发愿雕刻者，则隋静琬刻石于云居，宋冯檝、王求从锓木于闽东，禅浙、思溪、明密藏刊方册于浙径山，而今时杨居士刊辑要兼刻全藏于金陵，上下千年，作者五人，甚难希有。卓哉！然静琬受付属于南岳思大师，冯、王生五宗四家禅席风行之世，密公有憨山、紫柏、陆五台、冯开之相助激扬，独居士奋起于末法苍茫宗风歇绝之世，以身任道，论师法将藏主经坊，四事勇兼，毕生不倦，精神所旁薄，视前人为倍难。景与响相承，因与果不二，以法运通塞验之。华严极盛于隋唐，天台中兴于南宋，净土普行于明末国初，皆非刻经人所及见。而今者诸方竞进，贤首、嘉祥、慈恩之微言绝学，浸昌浸炽，金胎教令，朕兆萌芽，佛日光明，复昭坏劫，居士实亲见之，非创刻时所预期，则居士之效，视前人倍捷－作"疾"乎。居士于三学教典，搜集于藏外若干种，选择大藏辑要若干种，校刻大藏全经，已成者若干卷，寓抉择于甄综，宏通之中，至精且当，又非前人比。鸣呼盛已！

经坊始在北极阁，后徙所居□□宅中。治命舍宅为坊，建塔坊中以葬。诸子门人，敬遵将事，昭其志耶。居士之学，以马鸣为理宗，以法藏为行愿，以贤首、莲池为本师，性相圆融，禅净彻证。所著书若干卷，目在墓表，不具书。居士示寂后七年，岁在戊午，塔成，故人浙西瘐叟为著铭。辞曰：

马鸣道统，前婆须密，后阒剌那。是宣法性，次第法相，逮阿僧伽。摩诃衍论，义该般若，识阿黎耶。南北两宗，文殊弥勒，平等无差。洋洋道岸，信为舟楫，念极津涯。华严证信，弥陀证念，生佛陀家。有始有卒，以易为简，万荂一茄。五教五宗，摄之二论，自在开遮。大宗地本，师说不传，讲树无花。万枝千叶，先生创通，有圣冥加。回此法施，总持法宝，医世瘰瘥。万卷万德，万行所则，普贤愿嘉。十二部经，十二门智，文殊悦嗟，此窣堵波，灵骨归存，昔讲堂些。满字之都，有音如雷，有气如霞。万岁不骞，或来瞻敬，福等唵嘛。

龚自珍传 ①

　　龚自珍，字璱人，号定庵，一名易简，字伯定，更名巩祚，仁和人。道光九年进士，授内阁中书，升宗人府主事。十七年，改礼部，寻告归，遂不复出。父丽正，为金坛段玉裁婿，能传其学，嘉庆元年进士，官至江苏苏松太道，所至有善政，著有《国语韦昭注疏》。

　　自珍幼秉异姿，聪俊绝常伦，博通古今，精六书音韵之学，兼能读蒙古、西番、天竺字书。生平著作等身，出入于九经七纬诸子百家。其于经通《公羊春秋》；于史长西北舆地；其为文以六书小学为入门，以周秦诸子吉金乐石为崖郭，以朝章国故世情民隐为质干；尤好西方之书，自以为造深微云。

　　道光十二年，夏大旱，诏求直言，大学士富俊访之自珍，自珍陈当世急务八条。为内阁中书时，上书大学士，乞到阁看本。充史馆校对，上书总裁，论西北塞外部落源流山川形势，订《一统志》之疏

---

① 钱仲联按：文稿题前书："诸龚，拟以茂城、鉴、敬身、丽正、自珍为次，列前；守正、自闳相次，列后。"疑此传为《浙江通志》而作，其他诸人传未见。据《沈寐叟年谱》，浙人聘曾植主持重修《浙江通志》，事在民国四年乙卯春，则此传作于此后数年中。

漏，凡二千言。官礼部时，上书论四司政体宜沿革者三千言。其官宗人府主事也，充玉牒馆纂修官，则为之草创其章程。当是时，以奇才名天下者，一为魏源，一为自珍。尝著《西域置行省议》《东南罢番舶议》，时韪其言。程同文修《会典》，以理藩院一门及青海西藏各图属为校理，自珍因拟撰《蒙古图志》，以同文没不果成，成《蒙古字类表》《册降表》《氏族表》。所为文独造深峻，为一代雄。

著有《尚书序大义》一卷、《太誓答问》一卷、《尚书马氏家法》一卷、《左氏春秋服杜补义》一卷、《左氏决疣》一卷、《春秋决事比》一卷、《西汉君臣称春秋之义》一卷、《典客道古录》一卷、《奉常道古录》一卷、《羽琌山金石墨本记》五卷、《羽琌之山典宝记》二卷、《镜苑》一卷、《瓦韵》一卷、辑官印九十方为《汉官拾遗》一卷、《泉文记》一卷、《布衣传》一卷、《文集》三卷、《续集》四卷、《文集补》二卷、《补编》四卷。

晚主丹阳云阳书院讲席，道光二十一年丁父忧，一日暴疾卒，年五十。

录自钱仲联辑录:《沈曾植海日楼佚碑传》，
《文献》1993 年第 2 期

葛府君家传

平湖葛氏，系出东阳。君讳金烺，字景亮，号毓珊，经业修明，八试不第。光绪己卯，长君云威脱颖子衿，初试秋赋，君乐顾，亲赍送之。或强之人，遂以第七人举于乡，再上春官，癸未成进士。丙戌殿试，朝考一等，以主事观政刑部，已而改户部。长君云威，又以拔贡小京官继登朝列，家门号鼎盛矣。一旦请疾归，过余言别，余以恒情留之。君逡逡笑谢，意思憺如，余心异焉。君归而纲纪家事，宦情益薄，悠然艺圃，寄情书画。其所收藏，多有关乡邦先哲儒林掌故者，不侈高估徇俗尚也。里居未几而卒。寿不期颐，士林悼叹。

君既逝，而云威亦以毁卒。其后数年，海宇云扰，徐忠愍公、许文肃公首当惨祸，皆君懿亲密友也。厥后衣冠涂炭，间族乖睽，出处默语，我生靡乐。顾余辈白首流离，而后知君之先逝，不睹变迁，非不幸已。

录自钱仲联辑录：《沈曾植海日楼佚碑传》，
《文献》1993 年第 2 期

业师两先生传

高隽生先生，讳伟曾，杭州仁和人。咸丰辛亥举人，屡上春官不第，以大挑知县，分发陕西，非其志也。将出都，用渔洋韵赋《冬柳》四章留别亲故，悱恻缠绵，传诵都下。时关中回乱方剧，谒选者咸视为畏途。刘霞仙中丞方督师剿匪，得先生，则大器之，委署鄠厔，剧邑也，先生措置有方，不扰民而事集，中丞以为能。更数大邑，皆为大吏倚重。调咸阳，以病归，年甫过六十耳。

先生馆余家，在同治壬戌秋癸亥春，不及一年。为余开笔师。然平生诗词门径，及诸辞章应读书，皆禀先生指授，推类得之。先生多交游，暇则蝇头字钞张天如《通鉴纪事本末》、谷氏《明史纪事本末》论，余因是知明季复社文学。是时王砚香先生馆舅家，二先生日为诗词唱和，余私摹仿为之，匿书包布下，先生察得之，笑且戒曰：孺子可教，俟他日，此时不可分心也。而余知杭、厉自此始。

先生自馆中登车，余送于门，宾客多，不得儳言。余流涕，先生顾余亦流涕，至今情状在目前。辛巳秋，访问先生，已归道山矣。无子，遗稿不可问。闻晚岁多病，怀抱颇不佳。

罗吉生先生，讳学成，杭州钱塘人。同治壬戌补行辛酉举人，娶汪氏，云墅先生曾孙女，叔母汪太恭族侄也。同治戊辰馆余家数月。
先生善柳书，殿试大卷与杨雪渔编修齐名，雅自矜重，不与庸俗偶
也。屡上不第，而志气不衰。馆保定赵经历家最久。癸酉冬，见于赵
氏，饮余醇酒数醽，遽醉，先生笑余不堪传衣也金兆蕃云：文似未竟。

录自钱仲联辑录：《沈曾植海日楼佚碑传》，
《文献》1993 年第 2 期

记先太夫人手书日用账册

　　日用账册□□本，起于道光戊申，迄光绪丁酉，前后五十年，中阙失者若干年，存若干年。吾妻收集积聚一簏，皆太夫人手泽也。

　　京师语，凡簿记出入册，通曰账本。账本有大小，大者幅广七八寸，形略近正方。小者幅广或及五寸，高三四寸，形为椭方。大事用大者，细事用小者。人家火食账，唐人所谓食账，宋人所谓日历者也。吾家数世通用小者，太夫人常以䒱明起，盥洗毕，坐南荣前，数钱买点心，预计是日应行事，审饬办具。进极浓红茶一巨杯，点心进油浴麻花一，莲子或扁豆、薏仁、百合或燕窝一瓯，恒用毛燕，不恒用官燕。食毕，即自磨墨写账，笔用王名通狼毫下者。书甚速，笔下若有飒飒声。时略思，复疾书，食顷而毕，中馈一日事竣矣，家人尚未起也。曾植以趋署早起，独得见之，今恍恍在目也。呜呼！

　　账式上下为两列，各列物名于上，价于下，每日有总结。银钱出入提行列后，兑银价详具之。五十年来，上列之物，变易无多。下列之价，则咸丰铸当十百千钱一大变，钞票行及废一大变，同治初年官号四恒票废一大变。凡经变物价增倍者，及复，率不过半，一钱之物尤甚，积小以成大，五十年变易，有不可比例者矣。

后此三十年，有为《食货志》学者，得见此书，将持为枕秘。抑此五十年，见由盛而衰，而极衰，而稍转，转而渐盛，荣悴菀枯，吾太夫人艰苦万状不可言，而规矩未尝稍异，亦无一日间断者。吾子孙女妇，有能敬观此册者，思其居处，思其志意，吾太夫人精神之所存，吾子孙蕃息之所庇者耶？告慈护辈识之。宣统戊午九月，男曾植敬识。

录自钱仲联辑录:《沈曾植海日楼文钞佚跋（六）》,《文献》1992年第4期

沈曾植先生年表 [1]

孙德鹏

沈寐叟先生，字子培，号乙庵。先生别名颇多，见于题跋者有：蕙庵、檍庵、乙僧、寐翁、睡庵、睡翁、乙叟、逊斋、逊翁、毫逊、巽斋、逊叟、李乡农、余斋老人、茗香病叟、孺卿、皖伯、宛委使者、菩提坊里病维摩、释持、梵持、建持、持卿、随庵、守平居士、谷隐居士、浮轩、瘹禅、瘹翁、东畴小隐，等等。

先生曾祖学楷，字自堂，邑庠生，诰赠光禄大夫。祖维鐈，官至工部左侍郎，著有《补读书斋遗稿》十卷。曾国藩即其门下士。父宗涵，字俨伯，官至工部都水司员外郎。先生有二姐早卒。兄弟四人，长曾荣，先生居仲，弟曾桐、曾樾。

1850年（道光三十年，庚戌），一岁。二月二十九日酉时，生于北京南横街寓所，时其父年三十二岁，洪秀全是年起义。

1857年（咸丰七年，丁巳），八岁。五月十八父殁，哀痛如成人。

---

① 本年表是在王蘧常《清末沈寐叟先生曾植年谱》（台湾商务印书馆1977年版）基础上的整理与修改。

家贫，随母读李义山诗。除夕仰望三星泪下，五十年后诗中忆及。

1860 年（咸丰十一年，庚申），十一岁。英军入侵天津，先生随母避居昌平，登城楼目睹荒凉景象，甚悲痛。

1861 年（咸丰十一年，辛酉），十二岁。从俞策臣读《礼记》及唐诗半年。师将他去，先生牵衣哭不止，师赠画六页。母授王士祯《渔洋山人菁华录》，能背出许多佳句。

1862 年（同治元年，壬戌），十三岁。从原仁和县今高隽生习诗词，以蝇头小楷抄读《通鉴纪事本末》《明史纪事本末论》，对南明史事关心由此始。见老师与友人王砚香和诗，偷偷仿效、藏于书包内，老师发现，认为孺子可教。次岁老师他去，彼此挥泪而别。

1867 年（同治六年，丁卯），十八岁。家境贫困，以祖传初拓《灵飞经》送当铺得三十钱买米，极难割舍。

1870 年（同治九年，庚午），二十一岁。以大学生应顺天府试，考官罗绎农惊为奇才，荐于主司，先生报罢，罗惋惜。

1872 年（同治十一年，壬申），二十二岁。坐海船至沪溯江而上去成都。娶李逸静夫人，经紫柏岭张良庙，见风光秀绝，徘徊久之。返京后夫人典当首饰衣物勉先生读书。

1873 年（同治十二年，癸酉），二十三岁。乡试中第二十二名。

1875 年（光绪元年，乙亥），二十六岁。始治边疆地理学，得《游牧记》《落帆楼文稿》以校东北、西藏、新疆地图及《圣武亲征录》。

1877 年（光绪三年，丁丑），二十八岁。去广州看望叔父，研究法律。

1880 年（光绪六年，庚辰），三十一岁。中殿试第三甲中第九十七名，赐同进士出身，识康有为、朱一新及侍御李慈铭等学者，李已享文名，先生无名，两卷经翁同龢阅，称先生通人。精读历代刑律著作，用功至勤。对蒙古地理有创获。冬，还嘉兴。

1881 年（光绪七年，辛巳），三十二岁。再去广州省叔父处。秋后游苏州灵岩听泉，十月回京。

1884 年（光绪十年，甲申），三十五岁。住宣南珠巢街，所藏善本书遭盗。法人又欲侵华，先生愤愤不已。

1885 年（光绪十一年，乙酉），三十六岁。为广东乡试出策问题目，皆"宋元学案"及蒙古史迹，参试者有康有为，未取，全场交白卷。中秋与京中名士会于陶然亭。

1887 年（光绪十三年，丁亥），三十八岁。考订元代《经世大典·西北地理图》，定为回回人所画，参考诸书校定城邑，有发现。

1888 年（光绪十四年，戊子），三十九岁。康有为上书变法，朝廷保守派大哗，将逮康，先生劝其作沉迷金石态韬晦，康博览群碑，著成《广艺舟双楫》。康甚惮先生，一日说大话，先生云"再读十年书来与吾谈书法可耳"，康愧而退。

1889 年（光绪十五年，己丑），四十岁。任总理各国事务衙门俄国股章京。日本那珂通博士慕名来华求教西北地理诸事，先生以中原音切蒙古音教之而去。先生兼治诸邻国地理，考订唐宋航海路线，同时研究宋儒及佛道大典。以中和教康有为，纠正气质之偏，言其受质冬夏气多春秋气少，康答信逊谢。

1891 年（光绪十七年，辛卯），四十二岁。冬，迁员外郎。

1892 年（光绪十八年，壬辰），四十三岁。春，任江苏司郎中。二月叔父卒于穗。

1894 年（光绪二十年，甲午），四十五岁。给事中上书抨击康有为，请焚毁《新学伪经考》，皇帝同意。先生营救无果。甲午海战中国败，先生忧愤深广。好友李慈铭殁，痛哭。

1895年（光绪二十一年，乙未），四十六岁。上书请求允许他个人向英人借款修铁道，为权臣所阻未果。

1896年（光绪二十二年，丙申），四十七岁。俄皇尼古拉二世阴谋办黑龙江渔业航务，先生怒斥俄大使。

1897年（光绪二十三年，丁酉），四十八岁。八月二十九日母丧，大哀重病一年，久治不愈，自开处方立治，因侍母疾日久，故通医书。袁世凯召先生去小站欲委以重任，谢绝。十月。德军侵胶州湾。康有为来吊，先生流涕告康可上万言书求变法。

1898年（光绪二十四年，戊戌），四十九岁。奉母灵柩南归安葬。皇帝将重用康有为，先生赠《唐顺宗实录》，请康一阅，忧康改革过激生变。康读毕默然。五月应张之洞聘 主持两湖书院。提出治学必实用，于人心世道利弊当探本清源。

1899年（光绪二十五年，己亥），五十岁。返家合葬父母于祖茔。回武昌时遇盗，失书籍碑帖数十种。居武昌株园，与陈石遗唱和，评议古诗。

1900年（光绪二十六年，庚子），五十一岁。八国联军入侵，先生携家眷在上海，本拟入京，见时局如斯，乃奔走南京，见两江总督刘坤一，赴武昌晤张之洞、总办商约大臣盛宣怀等，商定联合行动，使联军有顾忌，牵制侵略者。七月敌兵入都，九月李鸿章来沪见先生说："倘某不出京，恐亦不免如袁爽秋遇杀身之祸矣！"先生大病一场。

1901年（光绪二十七年，辛丑），五十二岁。春，至南京为刘坤一拟奏稿，提出：设议局，开书馆，兴学堂，广课吏，设外部，讲武学，删则例，整科举，设警察等十事。"务财训农，通商惠工，敬教劝学。授方任能。"前八字为用，后八字为体。张之洞召见，共议新政，仍返扬州。不久任南洋公学监督。

1902 年（光绪二十八年，壬寅），五十三岁。辞南洋公学职回京刑部效力，前后十八年。住上斜街。调外务部合和会司员外郎。

1903 年（光绪二十九年，癸卯），五十四岁。任江西广信府知府。至南昌，巡抚柯逢时召见，共议全省大计。时士子不愿读书，先生引孟子语："上无礼，下无学，贼民兴，丧无日矣！"

1906 年（光绪三十二年，丙午）五十七岁。天主教徒王安之打伤南昌知县江召棠，民愤起报复，误伤法、美基督教牧师，法、美两国闻讯，兵舰开入鄱阳湖示威。巡抚胡鼎臣要杀百姓数人向法、美乞和，先生以为不可滥杀百姓，坚持谈判，法、美气焰收敛。四月任安徽提学使，赴日本考察，日人请教者甚多。归皖，设存古学堂，请陈抑斋按外国高校教学法，取各校高材生聚集一堂施教。与安庆名士马其昶、姚仲实、姚永慨、方纶叔博士、胡季庵、徐铁华论文赋诗。十二月升布政使，推行湖北、江苏新法，减轻租税负担。建天柱阁并作联语："楼阁华严，乘大悲愿；江山中夜，嗟太平人！"有挂笏亭，幽静可读书，名官斋为"曼陀罗室"。

1908 年（光绪三十四年，戊申），五十九岁。慈禧太后、光绪帝同日病殁。

1909 年（宣统元年，己酉），六十岁。创建造纸厂，外国求开铜官山，严拒。命日本教习去黄山采取植物标本，又命人采取霍山药材标本，甚丰富。又欲为两岳植物标本，未成。诏下为礼学馆顾问。八月张之洞卒，甚悲。自写五绝说："了此宰官身，即是菩萨道。无佛无众生，灵源同一照。"

为马其昶编订并石印《抱润轩文集》。命举人谢石钦赴日考察税制，日大藏省出示文书，谢等回国，编成一书，先生序印之。

1910年（宣统二年，庚戌），六十一岁。校刊宋嘉泰本《白石道人歌曲》，附《事林广记》卷八、《音乐举要》卷九乐星图谱于后，与姜夔自度曲谱互相证明，用安庆造新纸印成。上书言国事，被权臣所扣压。赋一律寄慨："不待招邀入户庭，龙山推分我忘形。留连未免耽光景，铺缀谁能较醉醒？两后百科争夏大，风前一叶警秋蘦。五更残月难留影，起看苍龙大角星。"贝子载振到安庆，当局命出巨款招待，先生不许，得罪上方及载振，后者以贪财色出名。先生上书乞退回故里。在皖五年，多病，夜眠二小时，仍坚持讲学会客。待秋后去沪时只有十万卷书，财物无多，人以为怪。十月回嘉兴，埋头读书，不闻政事。十二月整理审订张百熙《退思轩诗集》并作序。

1911年（宣统三年，辛亥），六十二岁。去南京与杨仁山居士讨论佛学，一月始归，住上海新闸路33号，六月回嘉兴，七月大水，先生和郡守筹办救灾。事毕，清帝退位，先生常居上海。

1912年（民国元年，壬子），六十三岁。在海滨建楼，晨雾缭绕，似黄山峨眉山，作《山居图》寄意。中外登门求教者甚多。九月返嘉兴咏故园草木成九首诗。

1913年（民国二年，癸丑），六十四岁。题所居为"海日楼"。俄人卡伊萨林持辜鸿铭信求见，为作《中国大儒沈子培》一文："夙闻儒者沈子培之名，兹得相见之机，余于彼所以期待之者至甚。前在北京，与中国儒者谈论，偶涉欧罗巴事每多舛伪。余意沈氏未必有理解欧罗巴实际之知识，迨一接其言论风采，而宿疑顿祛。沈氏实中国之完人，孔子所谓君子儒也。年逾六十，而精神毅力不异少年，蕴藉淹雅，得未曾有。殆意大利鄂那德达蒲思评论古代西欧之文明，所谓意识完全者，诚中国文化之典型也。其言动无不协于礼义，待人接物，遇化存神，彼深知中国之情形无论已；即于国外亦洞悉其情伪，所谓象物之表里精粗无不到。更能见微知著。平行崇孔教，恶改革，守旧派之魁首也。"（辜鸿铭译自卡伊萨林日记）弟子王蘧常先生评曰："公在逊清觥之为维新之魁，何云恶改革？何云守旧？盖夫子之道，中庸而已矣。过与不及，皆公所深恶。卡氏未为知公也。"卡氏亦贵族，"改革"大抵指辛亥革命。先生在明，当抗清而死；在清当作遗老以终。此封建伦理使之然。重君主，轻民国，"民"又何曾有过"国"？在遗老中能改革陈弊，发展工厂铁道，比较重民生，合乎现实，在学术上勇于开拓、一点不守旧，与他门下的王国维同为悲剧人物。蘧老为师辩护，亦时代使然。后人苛求，何益？

1914年（民国三年，甲寅），六十五岁。回乡扫墓，登烟雨楼作诗多首。袁世凯连年派人问候，又聘为史馆总纂，谢绝。

1915年（民国四年，乙卯），六十六岁。王国维来请教音韵学，给以启导，王甚敬先生。浙人聘先生修省志，提出只续为宜，叙事起于旧志所止的乾隆元年，止于宣统三年，聘朱疆村、张尔田、王国维诸学者任事，人才济济。

1916年（民国五年，丙辰），六十七岁。袁世凯窃国，先生早洞悉其奸，与康有为等密谋倾覆之，见康诗："巨君谋帝制。假尧衣弟佗。与公谋覆之，日夕同画沙。偕公被密捕，头颅巨万赊。……"其中事实已难考订。

王国维自日本来沪，先生说："郝氏《尔雅义疏》一书于诂、言、训三篇，皆以声音通之，善矣。然草木虫鸟兽诸篇以声为义者甚多，似未能观其会通。君何不分条理之？文字有字原有音原，可作释例一卷。"王照办。五月袁世凯死。七月，去敦煌盗过唐人手迹的法国人伯希和来与先生讨论契丹、蒙古、畏兀儿文及摩尼、婆罗门诸教源流。

1917 年（民国六年，丁巳），六十八岁。四月张勋北上，五月七日先生抱病北行。十三日溥仪复辟，授学部尚书，二十五日事败，奔弟子封家，一见痛哭，七月乘海船归沪。冬大病，头重脚轻。

1918 年（民国七年，戊午），六十九岁。亲友弟子拟庆先生与夫人七十双寿，苦辞。书商送来元刻明补《乐府诗集》一百卷，乃以此为庆典纪念品。秋移居威海卫路 221 号，题寓楼为"隐谷"，自号隐谷居士，筹备亚洲学术研究会。题在安庆所作的词为"偬词"。

1919 年（民国八年，己未），七十岁。二月十日起写《月爱老人客话》一卷。海内赠寿文寿诗甚多，先生以自寿诗作答。夏，移居新闸路 91 号，写成《全拙庵温故录》。

1920 年（民国九年，庚申），七十一岁。为日本学者白川省三讲《尚书》。九月中风，神智清楚，年终痊愈。

1921 年（民国十年，辛酉），七十二岁。弟殁大哭，病数月。始卖字以自给，求者极多不暇接，日本人尤众。

1922 年（民国十一年，壬戌），七十三岁。正月病愈，三月回乡扫墓。四月弟子林殁。又病，病中每日看书，无学不治。六月十一日，与夫人结婚半世纪，按故乡风习重偕花烛。七月十五日复病，得樊公诗，和以七律五首，后不再作诗，兹录其一："不死何妨更论文？冀州飙举思夫君。金壶墨尽搜残刻，黄叶阶干省旧闻。俗谛一星成劫火，故人千里梦秋云。年年心绪凋残尽，念我桓山鸟失群。"十月初二中午起书二对联。初三殁。

1923 年（民国十二年，癸亥）十一月初六葬于祖茔侧南门外王店榨簾村。

图书在版编目（CIP）数据

沈曾植论学集 / 沈曾植著；孙德鹏编 . —— 北京：
商务印书馆，2019.9（2020.4 重印）
（中国近代法政文献资料丛编）
ISBN 978-7-100-17317-9

Ⅰ . ①沈… Ⅱ . ①沈… ②孙… Ⅲ . ①法学—文集
Ⅳ . ① D90-53

中国版本图书馆 CIP 数据核字（2019）第 069662 号

中国近代法政文献资料丛编

沈曾植论学集

沈曾植 著

孙德鹏 编

商 务 印 书 馆 出 版
（北京王府井大街 36 号 邮政编码 100710）
商 务 印 书 馆 发 行
江苏凤凰数码印务有限公司印刷
ISBN 978-7-100-17317-9

2019 年 9 月第 1 版 开本 880×1240 1/32
2020 年 4 月第 2 次印刷 印张 13¾

定价：58.00 元